发生在南非的战争：
起因、过程与结果

［英］阿瑟·柯南·道尔 —— 著　高宇婷 —— 译

The War
In South
Africa:
Its Cause & Conduct

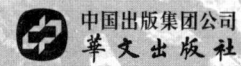

图书在版编目（CIP）数据

发生在南非的战争：起因、过程与结果 / (英) 阿瑟·柯南·道尔著；高宇婷译. —— 北京：华文出版社，2021.3

（华文全球史）

ISBN 978-7-5075-5188-4

Ⅰ. ①发… Ⅱ. ①阿… ②高… Ⅲ. ①英布战争 (1899–1902) Ⅳ. ①K478.4

中国版本图书馆CIP数据核字(2019)第206446号

发生在南非的战争：起因、过程与结果

作　者：	[英] 阿瑟·柯南·道尔
译　者：	高宇婷
选题策划：	盛世章也
插图供应：	029-85504182
责任编辑：	戴明敏　林凤瑶
出版发行：	华文出版社
社　址：	北京市西城区广外大街305号8区2号楼
邮政编码：	100055
网　址：	http://www.hwcbs.com.cn
电　话：	总编室010—58336239
	发行部010—58336212
经　销：	新华书店
印　刷：	三河市燕春印务有限公司
开　本：	710mm×1000mm　1/16
印　张：	17
字　数：	228千字
版　次：	2021年3月第1版
印　次：	2021年3月第1次印刷
标准书号：	ISBN 978-7-5075-5188-4
定　价：	80.00元

版权所有　侵权必究

出版前言

随着中国开放的大门越开越大,关注世界各国尤其是西方国家文明的源流、发展和未来已经成为当下世界史研究的一个热点。为了成系统地推出一套强调"史源性"且在现有世界史出版物中具有拾遗补阙价值的作品,我们经过认真论证,推出了"华文全球史"系列,首次出版约一百个品种。

"华文全球史"系列从书目选择到译者的确定,从书稿中图片的采用到人名地名的规范,都有比较严格的遴选规定、编审要求和成稿检查,目的就是要奉献给读者一套具有学术性、权威性和高质量的世界史系列图书。

书目的选择。本系列图书重视世界史学科建设,视角宽阔,层级明晰,数量均衡,有所突出。计划出版的"华文全球史"中,既有通史,也有专题史,还有回忆录,基本上是世界历史著作中的上乘之作,填补了国内同类作品出版的空白。

人名地名规范。本系列图书中人名地名,翻译规范,重视专业性。在人名翻译方面,我们坚持"姓名皆全"的原则,加大考据力度,从而实现了有姓必有名,有名必有姓,方便了读者的使用。在注释方面,书中既有原书注,完整地保留了原著中的注释;也有译者注,体现了译者的研究性成果。

书中的插图。本系列图书的一个重要特点是书中都有功能性插图,这些插图全方位、多层次、宽视角反映当时重大历史事件,或与事件的场景密切相关,涉及政治、军事、经济、社会、外交、人物、地理、民俗、生活等方面的绘画作品与摄影作品。功能性插图与文字结合,赋予文字视觉的艺术,丰富了文字的内涵。

译者的确定。本系列图书的翻译主要凭借的是一个以大学教师为主的翻译团队，团队中不乏知名教授和相关领域的资深人士。他们治学严谨，译笔优美，为确保质量奉献良多。

　　"华文全球史"系列作为一套具有较高学术价值的优秀的世界历史丛书，对增加读者的知识，开阔读者的视野，具有积极的意义。同时要看到，一方面很多西方历史学家的观点符合事实，另一方面不少西方历史学家的观点是错误的，对于这些，我们希望读者不要不加分析地全盘接受或全盘否定，而是要批判地吸收外国文化中有益的东西。

华文出版社
2019年8月

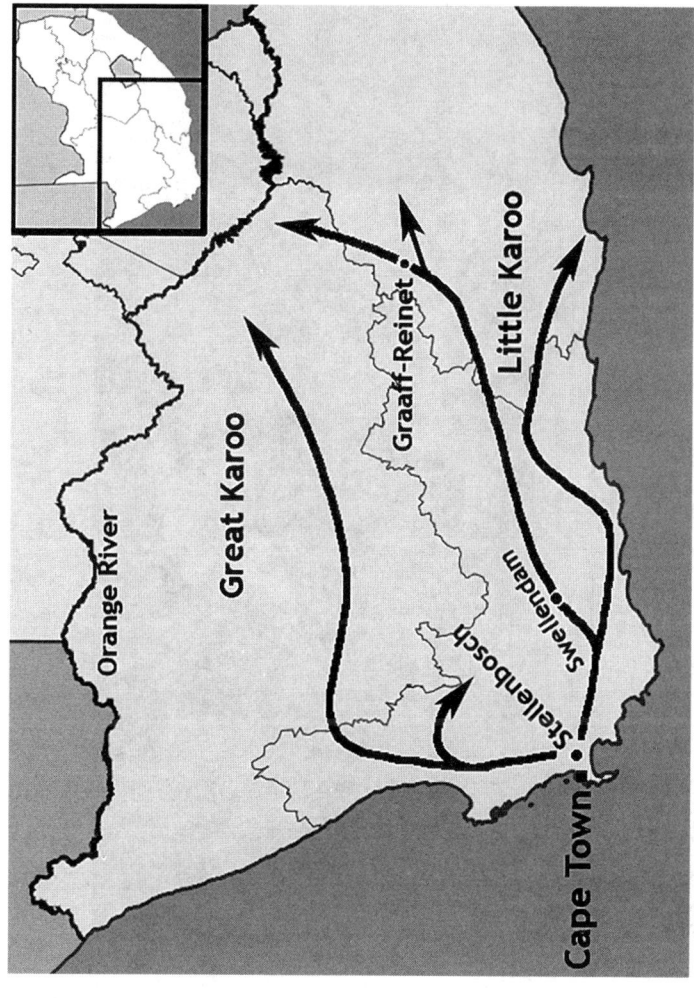

布尔人在南非的扩散路线示意图。开普敦=Cape Town; 斯泰伦博斯=Stellenbosch; 斯韦伦丹=Swellendam; 奥兰治河=Orange River; 大卡鲁高原=Great Karoo; 赫拉夫-里内特=Graaff-Reinet; 小卡鲁高原=Little Karoo

布尔妇女和儿童

马尤巴山战役中的英军

全副武装的布尔人父子

布尔军队

被英军俘虏的布尔人

正在工作的英军医疗队

英军骑兵俘获一名老年布尔人

英军向布尔人发射炮弹

内维尔·杰拉德·利特尔顿将军与他率领的军队

一次战斗过后,英军士兵照料一名受伤的布尔人

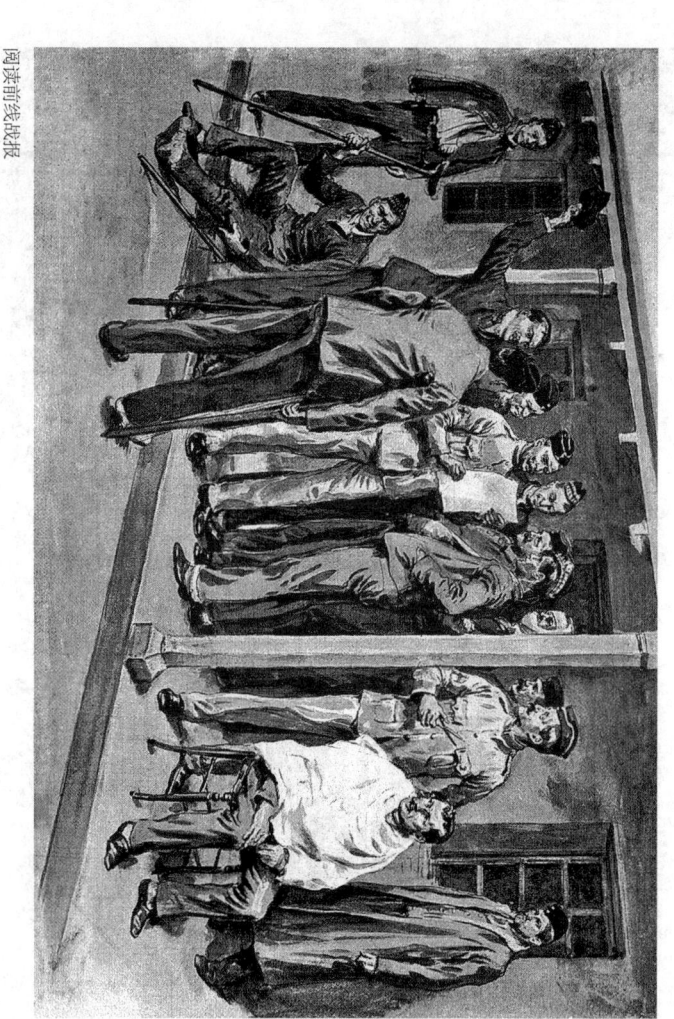
阅读前线战报

受伤的英军士兵

英军的战地医院

进攻中的英军

一幅关于布尔战争的漫画

序 言

出于自身的傲慢或冷漠，英国人并不热衷于向世界讲述英国的立场。目前，在布尔战争中，英国的战争行动和策略已在许多蓝皮书、小册子、传单中进行了说明，但据我所知，这些分散的文章从来没有整合成一本书。由于英国政治家和士兵受到不断的诽谤中伤，为了维护国家荣誉，我们应该向世界陈述事实。我曾希望有政府背景的能者承担这项任务，但现在看来只好由我从独立观察者的角度略尽绵力。

在历史上，从来没有一场战争其中一方完全正确，或者没有任何事件值得批评。我也不会假设布尔战争与历史上的任何一场战争有所不同。但我相信，读过本书陈述的事实后，不带偏见的读者将不得不承认英国政府曾尽力避免战争爆发，而在作战时，英国军队以发扬人道精神为己任。

对我和出版社来说，撰写、出版此书本身就是一种回报，并不打算用它赚钱。我们希望所有人都能买得起这本书，而书店老板也能有一份利润。下一步，我们打算将这本书翻译成所有欧洲语言，免费发送给欧洲大陆和美国的所有议员和报社。要实现这个目标，需要相当一笔资金。借此机会，我们向公众发出筹集资金的呼吁。我和出版社收到的所有捐款都将用于此项工作。捐赠越多，我们能做的事就越多。因此，捐赠多多益善。

最后补充一点，在书中，虽然我没有缀满参考资料的出处，但我的引用都有可靠来源，如有必要，可随时证实。

阿瑟·柯南·道尔

目录

001　**第 1 章**
　　布尔人的起源和战争前的南非

035　**第 2 章**
　　争端的缘由

063　**第 3 章**
　　战争前的谈判

095　**第 4 章**
　　关于冲突要点的探讨

115　**第 5 章**
　　和平谈判进展

131　**第 6 章**
　　关于焚烧农场的具体情况

145　**第 7 章**
　　南非难民营

| 165 | **第 8 章**
在南非作战的英国士兵 |

| 185 | **第 9 章**
关于布尔战争中英军面临的其他指控 |

| 199 | **第 10 章**
关于布尔战争的其他问题 |

| 223 | **第 11 章**
关于布尔战争的结论 |

| 235 | 译名对照表 |

第 1 章

布尔人的起源和战争前的南非

精彩看点

布尔共和国——布尔人——开普半岛——阿非利卡人迁徙——荷兰人向北推进——开普殖民地——英军登陆开普敦——殖民地政府——"屠夫峡谷"事件——废奴政策——奇怪的迁徙——奥兰治自由邦——祖鲁族大酋长丁冈——德班——德兰士瓦共和国——《桑德河公约》——布尔人发动起义——马尤巴山战役——《比勒陀利亚协定》——《伦敦协定》

如果不了解南非过去的历史，就不可能理解南非问题及英国和布尔共和国①之间爆发战争的原因。讲述这个故事必须回到历史的源头，因为南非的历史没有出现过断层，非常完整。每个历史阶段都是循序渐进。不了解布尔人的过去，就无法真正了解或懂得布尔人②，因为布尔人由他们的历史所造就。

1652年，奥利弗·克伦威尔到达权力顶峰。也是在这一年，荷兰人首次登陆好望角。葡萄牙人也曾到过这里，但饱受恶劣天气困扰，再加上受传说中的黄金诱惑，错过了这一"帝国的宝座"。他们一路远航，最终在南非东海岸定居。然而，留在开普半岛的荷兰人在这种极端的气候条件中日益繁荣强大。他们人数不多，没有选择深入内陆，因为一切所需皆唾手可得。荷兰人自己建造房屋，向荷兰东印度公司供应食物和水。其定居点逐渐从小城镇开始发展，如温贝赫、斯泰伦博斯。之后，他们的定居点逐渐扩展到通往中央高原的漫长坡地，覆盖从卡鲁边界直到赞比西河谷一千五百英里的范围。

之后一百多年的殖民地历史也是一部记录阿非利卡人迁徙的历史。他们向

---

① 布尔共和国是对19世纪后半叶在南非独立前的几个自治共和国的统称。它们由开普殖民地的荷兰人后裔，即布尔人创建，主要包括德兰士瓦共和国和奥兰治自由邦。——译者注
② 布尔人为居住于南非境内荷兰、法国与德国的白人移民后裔所形成的混合民族。荷兰语Boer一词意为"农民"。现已基本不用"布尔人"一名，改称Afrikaaner，汉译为"阿非利卡人"。——译者注

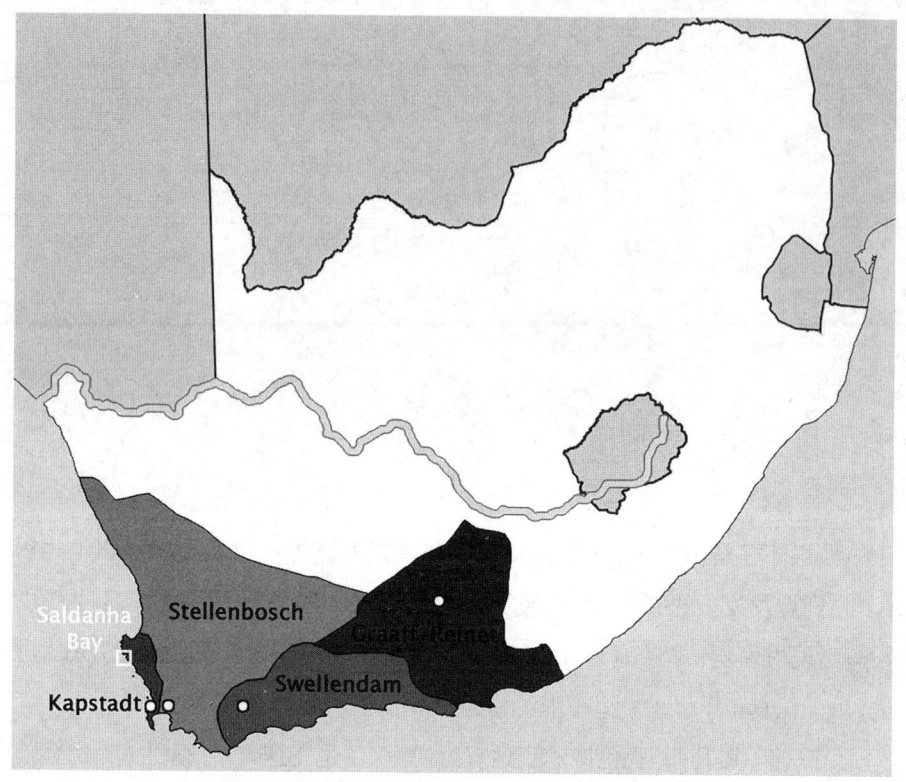

赫拉夫-里内特和斯韦伦丹的位置

北迁徙,逐渐占领北方广阔无垠的草原。养殖成为一项产业,但当地六英亩草地都不够一只羊吃。即使养的牛羊不多,牧场的规模也得足够大。牧场一般占地六千英亩。牧场主每年付给政府五英镑租金。像美洲和澳大利亚一样,白种人带到非洲的疾病对土著人十分致命。一次天花疫情几乎让土著全部丧命,然后他们的土地就留给了外来者。荷兰人不断向北推进,到处建起小镇,如赫拉夫-里内特和斯韦伦丹。在这些小镇上,荷兰归正会教堂和出售生活必需品的商店往往是几个分散居住区的中心。殖民者已经表现出不想受欧洲田国控制、脱离欧洲田国的想法,这是他们最显著的特征。荷兰东印度公司对他们稍加控制,就会遭到激烈反对。然而,在法兰西大革命后,各国都自顾不暇。因此,几乎没人注意到这个地方的悄悄崛起。二十年后,各国利益错综复杂,世界经历巨大阵痛。经过一番讨价还价,1814年,开普殖民地被并入英国。

在英国众多的殖民地中，可能只有开普的土地所有权毫无争议。英国一般通过征服或购买获得土地所有权。1806年，英军登陆开普敦，击败当地部队，随后占领该地。1814年，英国付给荷兰总督六百万英镑。这算是开普敦和南美一些地块的转让费。当时，各国列强对殖民地进行重新瓜分。这笔交易的达成可能既快速又随意。作为通往印度的必经之地，开普敦一直颇具价值，但南非常被视为无利可图的荒漠。如果第二代伦敦德里侯爵罗伯特·斯图亚特[①]和第二代利物浦伯爵罗伯特·班克斯·詹金逊[②]看到在自己花六百万英镑买到的这片土地上发生的一系列事件，不知他们会作何感想？这笔买卖有好也有坏：九次激烈的卡菲尔战争、世界上最大的钻石矿、黄金储量最丰富的金矿，以及与我们尊敬的对手进行了两场代价高昂、备受屈辱的战争。现在，我们终于有希望看到一个和平、繁荣的南非。在这里，人人享有平等的权利和义务。

正如我所说，得到开普敦的土地所有权是好事，但条约里有一处隐患。大海为开普敦划出三面的边界，但第四处边界未在条约中规定。当时没有"内陆"这个词，因为就没有这个概念。英国是否购买了定居点以外的广大地区？不满的荷兰人可以自行建立新国家以阻挡盎格鲁-凯尔特[③]殖民者的前进道路？关于这些问题，土地所有权契约并未具体说明。这为之后引发的所有问题埋下祸根。美国人可以这样理解：在美国建国后，纽约州的荷兰居民向西迁徙，建立新社区，打起新旗号。这样一来，美国人就能明白这个问题的关键所在。在打算占领西部各州时，美国就会像英国一样面对这个不得不解决的问题。他们如果发现这些新殖民地极端落后，反美情绪高涨，就会经历英国政治家在处理南非问题时遭遇的困境。

---

① 第二代伦敦德里侯爵罗伯特·斯图亚特（Robert Stewart 2nd Marquess of Londonderry, 1769—1822），英国政治家，曾任外务大臣，1814年至1815年代表英国出席维也纳会议，以六百万英镑的价格从荷兰手中买下南非的开普殖民地。——译者注
② 第二代利物浦伯爵罗伯特·班克斯·詹金逊（Robert Banks Jenkinson 2nd Earl of Liverpool, 1770—1828），曾先后担任多届政府中的外交大臣、内政大臣、大臣与陆军及殖民地大臣，后成为英国首相。曾与第二代伦敦德里侯爵罗伯特·斯图亚特一起代表英国出席维也纳会议。——译者注
③ 盎格鲁-凯尔特人是英国人和凯尔特人后裔。主要指生活在英国和爱尔兰以外地区的英国人，特别是在澳大利亚、加拿大、美国、新西兰、南非等前英国殖民地生活的英国人。——译者注

罗伯特·斯图亚特

罗伯特·班克斯·詹金逊

卡菲尔战争,英军袭击土著人定居点

卡菲尔战争，丛林里的战斗

开普敦被移交给英国时，大约有三万荷兰、法兰西和德意志的殖民奴隶主，以及差不多数量的奴隶。表面看起来，英国人和最初定居者完全融合的希望似乎相当美好，因为他们血统相近，生活信条的差异只体现在不同程度的性格偏执和不容异己。1820年，五千名英国移民登陆，定居在殖民地的东部边界。从此，英国殖民者逐渐稳定流入。殖民地政府有英国统治下的传统上的优点，也有缺点。温和、清廉、守信、不会变通、缺乏一致性。但总的来说，只要维持主权移交时的现状，殖民地政府就能做得很好。但试图改变最保守的条顿诸民族的习惯则是一件危险的事。随后出现一系列复杂问题，为南非带去一段混乱的历史。

对土著人的权利和法律保护的权利，英国政府一向持尊重和友善的态度。我们认为英国的正义适用所有人，对不同肤色的人没有差别待遇。理论上，这种观点无可厚非，在论证上也毫无争议，但有些人的整个社会认知都建立在"黑人是劣等种族"的假设上。波士顿的道德主义者或伦敦的慈善家如果敦促这些人实施英国式的正义，那么往往只会激怒他们。这样的人喜欢站在道德制高点，不会让那些生活在不同环境中的人对自己指手画脚。

在南非，英国政府一直充当土著仆人的保护者。这个角色不受朋友待见。正是由于这一点，老殖民者和新政府之间出现了第一次冲突。政府逮捕一名虐待奴隶的荷兰农民，随后出现流血冲突。起义被镇压后，五名参与者被处以绞刑。这一刑罚过于残酷，并且思虑不周。一个勇敢的民族可以忘记战场上的阵亡者，但绝不会忘记断头台上的受害者。政治殉道者的产生是统治阶级的最后疯狂。然而，木已成舟，留下的仇恨种子一直蠢蠢欲动。在利恩德·斯塔尔·詹姆森突袭[①]失败后，这一事件的领导者可能会被绞死。星星之火从库克豪斯浅滩蔓延到比勒陀利亚，英国人也可能会像1816年的荷兰人那样死去。"屠夫峡谷"事件[②]标志着英国政府和阿非利卡人分道扬镳。

[①] 1895年12月29日到1896年1月2日，英国殖民者利恩德·斯塔尔·詹姆森（Leander Starr Jameson）率领二百多名武装人员突袭南非的德兰士瓦共和国，结果战败被俘。此事引发第二次布尔战争。——译者注

[②] 1815年，开普殖民地东部边界一名布尔农民被控虐仆，在抓捕过程中被一名黑人打死。他的兄弟为了报仇，组织叛军在叫屠夫峡谷（Slachter's Nek）的地方与英国殖民者战斗，结果战败。五名投降的布尔农民被绞死。此事被视为布尔人反抗英国殖民者的开端。——译者注

利恩德·斯塔尔·詹姆森被俘

分歧日趋明显。1834年,黑人部落袭击了边境地区的农民,但英国政府以慷慨的姿态给予他们宽大处理。最后,还是1834年,英国政府宣布解放所有奴隶。这一举措将之前酝酿的不满和怒火煽动成燎原之势。

必须承认,在这种情况下,英国这位"慈善家"愿意为自己认为正确的事情付出代价。解放奴隶是一项崇高的国家行动,其道德性领先时代。因此,英国议会投票同意支付两千万英镑以赔偿奴隶主的损失,从而消除邪恶的奴隶制度,尽管南非奴隶和英国本土没有直接关系。事情本应如此。如果等受到影响的殖民地成立了自己的政府,那么英国就再不可能通过宪法手段解决奴隶问题。英国这位"慈善家"不在意流言蜚语,自掏腰包为自己认为正确的事情付出了代价。英国解放奴隶虽然是一件好事,但给世界带来更多苦难。英国耗费财力,毁了西印度群岛的殖民地;在南非被愤懑的情绪包围,至今未看到最终结果。

然而,与光鲜的表面相比,废奴政策的实施细节并没有那么光彩。英国政府突然宣布废奴政策，而南非没有时间适应新情况。南非的废奴补贴是三百万英镑。这样一来，解放每个奴隶的价格为六十英镑到七十英镑，远低于当地实际奴隶价格。因为奴隶赔偿费在伦敦支付，所以农民得将自己的奴隶低价卖给中间商。在卡鲁的每个小镇，都有人义愤填膺地进行集会。古老的荷兰精神——凿堤人的精神高涨起来。他们知道暴动于事无补，但在北面，有一片杳无人烟的广阔土地。他们决定向北迁徙。他们的祖先曾赶着牛车去高卢。因此，他们对游牧生活有天生的亲切感。如同他们的祖先一样，他们的牛车既是车也是房，还是堡垒。他们一个接一个地装好车，套上牛。女人坐在车里，男人手持长枪跟在车边。从此，大逃亡开始了。随同迁徙的还有牛羊，一般由孩子帮忙赶着。其中有个衣衫褴褛的十岁小男孩，用粗皮鞭驱赶着牛群。他只是这些人中不起眼的一个小人物，但我们对他有深厚的兴趣，因为他的名字叫保罗·克鲁格。

保罗·克鲁格

布尔人向北迁徙

这是一次奇怪的迁徙。现代能和它相提并论的也只有美国诺伍的摩门教徒寻找犹他州的应许之地时进行的勇敢迁徙①。众所周知,南非北至奥兰治河都人烟稀少,但越过奥兰治河有一大片处女地。除了勇敢的猎人和冒险家,从未有人进入这片土地。也许祖鲁征服者曾从这片土地席卷而过——如果严肃的人类历史上真有"也许"这个因素——但只是将它抛在脑后。除了最低等的人类,譬如矮小的丛林人和可怕的土著,没有人在此生活。对布尔人而言,这里有辽阔的牧场和肥沃的土壤。在迁徙的过程中,布尔人常以独立的小队伍行动,但总数相当可观。根据他们历史学家的说法,总人数大约有六千到一万,几乎占整个殖民地人口的四分之一。各个队伍命运并不相同:有些较早出发,往往悲惨死去;有一

---

① 1846年,美国摩门教在领袖杨百翰(Brigham Young)带领下,从伊利诺伊州的诺伍出发,一路西行,来到犹他州的盐湖城,称这里为"应许之地",在此定居。——译者注

丁冈

　　大批人将布隆方丹东部的一个山峰作为聚集地。后来，这里发展成奥兰治自由邦。还有一批人被祖鲁人的分支——强大的马塔贝莱人阻断了去路。

　　等到"移民先驱"占领奥兰治河和林波波之间的所有土地，就标志着大迁徙的最后胜利。现在，这片土地建立起德兰士瓦共和国和奥兰治自由邦。与此同时，还有一些布尔人来到纳塔尔，击败了祖鲁人大酋长丁冈。

　　现在，在克服了距离、自然和土著方面的种种障碍后，在旅途的终点，布尔人却看到了最不想看到的东西，一个逃了这么远想要避开的东西——英国国旗。布尔人虽然占领了纳塔尔，但英国人曾通过海路占领过这里。一小部分英国人仍定居在纳塔尔港，即现在的德班。然而，英国政府一直举棋不定。直到最后布尔人占领了纳塔尔，英国政府才宣称纳塔尔为英国殖民地。与此同时，英国政府坚称英国臣民不能随意抛弃自己的忠诚。他们不管去哪里，都是英国殖民地的开拓者。这种论调实在不怎么受欢迎。为了强调这一事实，1842年，英国派三个连队的士兵驻守现在叫"德班"的地方。从此，凭借普通士兵的守卫，英国成为一个新的帝国。这一小撮英国士兵常被布尔人伏击打伤。他们后来的战友也遭遇了同样的命运。然而，逃过一劫的英国士兵加强了防御，并时刻保持防御姿态。他们后来的战友也是如此，直到增援的大部队到来，布尔人四散而去。从这时起，纳塔尔成了英国的殖民地。之后，大多数布尔人带着沮丧的心情向北或向东长途跋涉，向奥兰治自由邦和德兰士瓦共和国的同胞诉说自己的冤屈。

　　他们有冤可诉吗？凭借哲学上的超然，历史学家才能公正地评判自己国家参与的战争，但要达到这个高度相当困难。然而，至少我们可以承认，英国的对手有理由这样做。英国吞并纳塔尔并不合法。当嗜血祖鲁人的阴影笼罩南非时，首先打败祖鲁人的是布尔人而不是英国人。在经历这样的磨难、建立这样的丰功伟绩后，他们却被要求放弃自己征服的肥沃土地，回到荒芜的高原牧场，这实在强人所难。布尔人袭杀纳塔尔的英国士兵。从此，英国人和布尔人之间产生芥蒂。虽然只是英国士兵和布尔人之间的小冲突，但在某种程度上，它是一个重要事件，因为它代表着布尔人的一次重大转变——离开海洋并将重心放在内陆。如果布尔人没有做出这样的选择，那么一个新的海上强国可能会出现。

　　在南部的奥兰治河到北部的林波波一个新的海上强国间广袤的土地上，布尔人定居下来。他们是由开普殖民地的新布尔人招募的。后来，当地人口达到一万五千人。这片土地的面积和德国差不多，比宾夕法尼亚州、纽约州和新英格兰的面积都大。人口分散居住。他们的政府形式极其崇尚个人主义和民主，兼容并蓄。他们与黑人的数次战争及他们对英国政府的恐惧和厌恶似乎是将他们团结在一起的纽带。他们如发育的卵子一样，不断形成一个个小团体。德兰士瓦到处都是势力强大的小团体。他们内部的争吵如同他们与开普政府的争吵一样激烈。来登堡的布尔人、索特潘斯堡的布尔人、波切夫斯特鲁姆的布尔人打算掉转

巴苏陀人

枪头，攻击彼此。在南方的奥兰治河和瓦尔河之间，没有任何形式的政府。在这里居住的布尔人、巴苏陀人、霍屯督人和各族混血儿的生活长期动荡不安，既不承认他们南部的英国政府，也不承认北方的德兰士瓦共和国。混乱最终变得无法忍受。1848年，英国向布隆方丹和英国兼并的地区派驻军队。在朋普拉次，布尔人进行了一次徒劳的抵抗。失败后，他们就被拉进文明统治的既定秩序。

与此同时，大多数布尔人定居的德兰士瓦要求英国政府承认他们的独立。英国政府最终同意。除了盛产神枪手，德兰士瓦几乎可以算不毛之地，而由于英国殖民部官员职权受限，德兰士瓦没有引起他们的注意。双方签署了《桑德河公约》。这成为南非历史上的一个节点。根据《桑德河公约》，英国向布尔农民保证他们有权管理自己的事务，按照自己的法律自治，而英国无权干涉。《桑德河公约》规定不应存在奴隶制。有了该条款，英国就可以全身而退，从此将奴隶问题抛诸脑后。至此，德兰士瓦共和国正式成立。

在《桑德河公约》签署后第二年，由于英国军队有意识地从占领八年的领土上撤出，随之第二个"共和国"——奥兰治自由邦诞生了。随着东部问题日益尖锐，所有人感到，一场大战的序幕即将拉开。英国政治家认为，他们在世界各地重任在肩，而吞并南非的价值一直模糊不定，但麻烦不断是肯定的。不顾大部分定居者的意愿——当然是不是大部分人还有待商榷，像罗马人撤出不列颠那样，英国人友好地离开了。新共和国完全独立，不受约束。在一份反对撤军的请愿书中，英国政府同意提供四万八千英镑，补偿那些受撤军影响的人。无论德兰士瓦共和国和英国有多么深的历史过节，至少我们可以说，在对待奥兰治自由邦一事上，英国已经仁至义尽。因此，1852年和1854年，南非诞生了几个强大的国家。它们甚至能在一段时间内牵制英国从各地调来的部队。

尽管有分离出去的独立国家，但开普殖民地发展得异常繁荣。到了1870年，当地人口已经超过二十万，有英国人、德国人、荷兰人。荷兰人还是略占多数。这时，根据英国的自由殖民政策，是时候"断奶"，让这个年轻的国家独立自主了。1872年，开普殖民地实行完全自治。作为维多利亚女王代表的总督仅保留名义上的立法否决权，但立法否决权从未行使过。根据这一体制，在殖民地占大多数的荷兰人可以选举荷兰人执掌政府，按照荷兰人意愿管理政府。自此，荷兰法律全部恢复。荷兰语和英语一样，成为开普殖民地的官方语言。英国给予开普殖民地极大的自由，尽管荷兰法律与英国理念格格不入，但这里依然不折不扣执行自治政策，这也是开普殖民地对英国移民在德兰瓦士受到不公待遇尤其憎恶的原因。在英国殖民地上，由一个荷兰政府统治英国人。而在英国人自己建立的城市中，英国人却无法在布尔人主导的市政府中获得一席之地。

在签署《桑德河公约》之后二十五年里，德兰士瓦共和国的人民一直处于

霍屯督人

维多利亚女王

水深火热之中。他们与当地土著战斗不断,有时甚至自相残杀,偶尔还攻打一下南方的小荷兰共和国①。国家混乱随之而来。市民不纳税。国库空空如也。在北部,有强悍的黑种人部落虎视眈眈。东部有祖鲁人。但如果说英国的干预拯救了布尔人则有些夸大其词。事实上,祖鲁人和塞库库尼人加在一起才能与布尔人

祖鲁人

---

① 德兰瓦士南面的纳塔利亚共和国,由荷兰人后裔布尔人建立。——译者注

势均力敌。了解这一点，才能真正读懂布尔人的军事史。然而，一场可怕的入侵迫在眉睫。农民由于居住分散，完全无法防备黑人的进攻。就像在美国殖民地上的英国人一样，每当印第安人袭来，他们往往毫无还手之力。经过三个月的调查后，通过正式吞并德兰士瓦共和国，英国特派专员西奥菲勒斯·谢普斯通爵士一劳永逸地解决了所有问题。他以二十五人的兵力占领该地，用行动表明根本不需要害怕武装反抗。1877年，《桑德河公约》被完全推翻。从此，南非历史翻开新的一页。

当时，人们似乎没有任何反对英国兼并的强烈情绪。人们为自身问题所困，已经厌倦了争斗。德兰士瓦共和国总统托马斯·弗朗西斯·伯格斯提出正式抗议，随后居住在开普殖民地，从英国政府领取养老金。反对这一措施的纪念活动得到了大部分布尔居民的签名支持，但依旧有少数人持相反意见。保罗·克鲁格本人接受了英国政府的职务，领取薪酬。种种迹象表明，如果处理得当，人民可以在英国的统治下安身立命。

虽然英国在南非的运气一直不佳，但这次的运气更糟。因为专注其他事情，英国没能及时兑现之前的承诺，但并非有意为之。如果德兰士瓦人民能够再等一等，就会得到人民议会和其他想要的一切，但在能履行承诺之前，英国政府还有其他地方事务需要解决，譬如铲除瑟库库内，瓦解祖鲁族势力。英国拖延履行承诺引起了强烈的不满。此外，英国政府选派的总督也不合适。当地市民极其朴实，只是想和统治他们的人偶尔喝杯咖啡。德兰士瓦共和国给予它的总统一年三百英镑的咖啡钱绝不仅仅是一种形式。明智的管理者会遵从当地人民的社会和民主习惯。西奥菲勒斯·谢普斯通爵士就是如此，但欧文·兰宁爵士不是这样。既没有人民议会也没有咖啡，人们的不满情绪迅速蔓延。1880年，英国人击败了两个曾威胁这片土地的野蛮部落。财政状况也有所好转。保持兼并现状对英国有好处，但正是英国的各种作为导致之前市民赞成兼并的理由不再成立。

常有人指出，兼并德兰士瓦共和国是造成英国后来一系列麻烦的根源。然而，在兼并德兰士瓦共和国的过程中，英国政府尽管有做错的地方，但不是为了一己私利。当时，人们还没有发现兰德金矿，德兰士瓦共和国也没有什么吸引人

托马斯·弗朗西斯·伯格斯

讽刺欧文·兰宁的漫画:欧文·兰宁即将被开普敦殖民地吞掉

的资源。英国政府接手的只有空空如也的国库和两场代价高昂的本土战争。当时，人们确实认为这个地方的外界干扰太多，无法自治。此外，德兰士瓦由于自身的弱点，无论是对邻国还是自身，都是既危险又丢脸的存在。英国的行动尽管可能不成熟、不明智，但绝不是卑鄙的。我们有理由认为，就算兼并德兰士瓦共和国的行动推迟，最终也会在当地大多数民众的请愿下进行。

1880年12月，布尔人发动起义。每户都派出步枪手，聚集在最近的英国堡垒外面。各地的独立小分队都被农民团团围住。斯坦德顿、比勒陀利亚、波切夫斯特鲁姆、来登堡、瓦克斯特鲁姆、勒斯滕堡、马拉巴斯德都投入战斗，一直

布尔人枪手

坚持到战争结束。在开阔地带，英军就没有这样幸运了。在布龙克霍斯茨普雷，一支英军小部队遭遇突袭，大败，突袭者没有任何死伤。据治疗伤兵的外科医生记录，平均每人有五处伤口。在朗峡谷，英军一支部队想要冲上一座由布尔步兵控制的小山，但实力不济，导致半数人死伤。英戈戈战役勉强可以说是打个平手，但英国的损失比对手惨重。最后，英军在马尤巴山战役大败。在马尤巴山上，英国四百名步兵被一群在巨石掩护下的狙击手击败逃走。所有这些战役都是小规模冲突。如果英国人取得最后的胜利，那么这些战役现在压根不会被记得。事实上，它们只是小规模战斗，只因成功完成既定目标而导致它们的重要性被夸大。

在马尤巴山大败后，英国威廉·尤尔特·格莱斯顿政府①完全妥协。这如果不是近代史上最懦弱的行为，那就是最宽宏大量的行为。在拳击场上，如果没有交手，大块头就承认输给小个子，显然不太可能。即使大块头已经被击倒三次，让他认输依然很难。在战场上，英军有兵力优势。英国将军称对手就攥在自己的手里。在此之前，农民错估了英国的军事实力。亨利·伊夫林·伍德②和第一代罗伯茨伯爵弗雷德里克·罗伯茨③的任务比他们想象的要困难得多。但至少在军事实力上看，英国似乎可以毫不费力地消灭对手。民众都这样想，也同意暂停举起的宝剑。毫无疑问，与政治家不同，民众的出发点符合道德和基督教义。他们认为吞并德兰士瓦共和国显然不公正，布尔人有权获得他们为之奋斗的自由，而一个伟大的国家不值得为了军事报复而继续一场非正义战争。这就是英国民众默许政府行动的出发点。这是理想主义的鼎盛时期，但结果证明理想主义行不通。

---

① 威廉·尤尔特·格莱斯顿（William Ewart Gladstone, 1809—1898），英国自由党政治家，曾四度出任首相。此处指他1880年到1885年出任首相期间的英国政府。——译者注
② 亨利·伊夫林·伍德（Henry Evelyn Wood, 1838—1919），英国陆军元帅，获颁维多利亚十字勋章。英军在南非马尤巴山大败后，他成为英军总指挥官。——译者注
③ 第一代罗伯茨伯爵弗雷德里克·斯雷·罗伯茨（Frederick Sleigh Roberts, 1st Earl Roberts, 1832—1914），英国陆军元帅，著名军事家，维多利亚女王时代的最成功军事指挥官之一。先后参加了阿富汗战争、布尔战争，并曾经担任英国陆军总司令。由于功勋卓著被授予维多利亚十字勋章和嘉德勋章。——译者注

马尤巴山战役,英军向山上冲锋

马尤巴山战役,布尔人击溃英军

亨利·伊夫林·伍德

弗雷德里克·罗伯茨

1881年3月5日，英国和德兰士瓦共和国签订停战协议，实现和平。之前，英国政府一再拒绝友好交涉，这时不得不屈从于武力，达成协议时又做出了愚蠢的妥协。如果要尝试反映理想主义和基督教道德观的政策，那么就应该彻底地执行。很明显，如果吞并德兰士瓦共和国不公正，那么德兰士瓦共和国应该恢复到《桑德河公约》所规定的情况。然而，出于某种原因，英国政府不愿意这么做。英国政府不断地吹毛求疵、讨价还价。最后，德兰士瓦共和国变成一个前所未有的怪异混合体。德兰士瓦共和国是君主制体系下的共和国，但由英国殖民部管辖，而有关德兰士瓦共和国的报道在《泰晤士报》上属于"殖民地"版面。德兰士瓦共和国属于自治政体，但又受制于某种模糊的宗主权。至于宗主国的界限，谁也没有明确说法。总之，《比勒陀利亚协定》的条款和疏忽似乎表明，在不幸的1881年，英国政府处理政事的能力和军队一样糟糕。

德兰士瓦共和国国徽

其实从一开始就很明显,这样不合逻辑又有争议的协议不可能作为最终的解决方案。果不其然,《比勒陀利亚协定》上的墨迹还没干,就有人叫嚣着修改。布尔人认为,他们如果是无可争议的胜利者,那么就应该获得全部的胜利果实。此外,这全面检验了以英语为官方语言的殖民地的忠诚程度。骄傲的盎格鲁-凯尔特人并不习惯于谦卑,但他们发现由于本国政府的行动,他们成了战败国的一员。伦敦人可以认为自己的行为宽宏大量,以安慰受伤的自尊,但德班或开普敦的英国殖民者不同,他们什么都没做,签署和约时也没有发言权,结果却发现自己在荷兰邻居面前低人一头。扭曲的仇恨种子从此埋下。如果德兰士瓦共和国能接受和约本身传递的精神,这种仇恨也许就会消于无形。但事实正好相反,仇恨不断滋生,越来越危险。因为在十八年时间里,英国人看到或者他们觉得自己看到,每次让步总是让对方得寸进尺,而荷兰各个共和国不仅追求平等,而且要在南非占有主导地位。詹姆斯·布莱斯教授是一位友好的评论家。在对德兰士瓦共和国及其问题进行分析之后,他认为布尔人没有看到英国行动的慷慨之处或人性之光,只看到让他们恐惧的东西。布尔人直言不讳地向英国邻居表达自己的这种恐惧。从此以后,南非一直处于动荡之中,英裔阿非利卡人一直抱着强烈渴望,等待复仇的那一刻,但千里之外的英国对此毫不知情。这难道不足为怪吗?

战后,德兰士瓦共和国政府由一个三人小组掌管。但一年后,保罗·克鲁格成为德兰士瓦共和国总统,任期长达十八年。作为统治者,保罗·克鲁格的职业生涯证明了美国宪法明智但不成文的规定是正确的,即总统应该有任职期限。长期执政必将使执政者变成独裁者。对这个问题,这位老总统自己的说法既朴实又狡黠。他说,如果一个人有一头老牛帮他引路,那么要改变这样的做法其实是一件不明智的事。然而,如果任由这头老牛自己选择道路,不听指挥,那么他的牛车很可能会遇上麻烦。

只用了三年时间,德兰士瓦共和国就出现了动荡的迹象。由于它的面积比法国还大,人口却不超过五万,人们因而可能会想,他们有足够的空间,不会有拥挤的情况。然而,人们想从四面八方越过边界。保罗·克鲁格大声喊叫,称他

查尔斯·沃伦

被困在土著人的小屋里,要突破困境、寻找出路。有人计划向北再进行一次长途跋涉。还好计划流产了。东部的祖鲁兰是英国的定居点,但德兰士瓦共和国突袭祖鲁兰,成功将祖鲁兰三分之一的土地纳入德兰士瓦共和国。德兰士瓦共和国无视1881年签订的和约,入侵西部的贝专纳,建立戈申和斯泰拉兰共和国。这些行为令人愤慨。1884年英国被迫重新武装一支探险队,由查尔斯·沃伦爵士率领,打算将这些入侵者赶出南非。有人可能会问,如果罗得西亚^①的创始人是先

---

① 1888年,英国殖民者赛西尔·罗德(Cecil Rhodes)从恩德贝莱国王手上取得其领土内的采矿权,随后在1889年替不列颠南非公司取得这里的领土权,在1895年以罗德的名字命名并正式建立殖民国家罗得西亚。1911年,罗得西亚分为北罗得西亚和南罗得西亚。今分别为赞比亚和津巴布韦。——译者注

驱者，那么为什么将他们称为入侵者？答案是，《比勒陀利亚协定》规定了德兰士瓦共和国的边界，但这些人越过了边界。而英国势力向北方扩张时，并没有违反任何承诺。这些非法入侵的结果上演了南非的每一出大戏。不满的纳税人不得不又从口袋里掏钱出来，支付一百万英镑给军队，用来打击破坏《比勒陀利亚协定》的人。当我们评估利恩德·斯塔尔·詹姆森突袭对德兰士瓦共和国造成的道德和物质损失时，切不能忘记这笔费用。

1884年，德兰士瓦共和国代表团访问英国。在德兰士瓦共和国的恳求下，漏洞百出的《比勒陀利亚协定》被改成《伦敦协定》。问题更加严重。变更的条款均对布尔人有利。即使第二次布尔战争的胜利也比不上第十五代德比伯爵爱德华·亨利·斯坦利①在和平时期给德兰士瓦共和国的好处。德兰士瓦共和国成

爱德华·亨利·斯坦利

---

① 第十五代德比伯爵爱德华·亨利·斯坦利（Edward Henry Stanley 15th Earl of Derby, 1826—1893），英国政治家。他曾在1866年到1868年、1874年到1878年两次担任外交大臣，并在1858年、1882年到1885年两次担任殖民地大臣。——译者注

为南非共和国①。这一变化预示着未来的扩张。英国虽然保留了否决权,但对德兰士瓦共和国外交政策的控制也有所放松。最重要也最容易造成麻烦的一个问题被疏忽。宗主权是一个模糊的术语。但在政治中,就像在神学中一样,一个事物越朦胧,就越能激发人的想象力和激情。在《比勒陀利亚协定》序言中,这个宗主权被明确说明,但在《伦敦协定》中,宗主权并没有被提到。它是否已被废除?英国的观点是,只修改了《比勒陀利亚协定》中条款,《比勒陀利亚协定》的序言继续适用于这两个条约。英国指出,《比勒陀利亚协定》序言中不但提到英国对德兰士瓦共和国的宗主权,而且提到德兰士瓦共和国的独立。如果一条失效,另一条也应该失效。然而,布尔人指出,《伦敦协定》中也有序言,因而应该取代《比勒陀利亚协定》的序言。事实上,这种讨论其实无济于事,因为双方都同意德兰士瓦共和国签署条约时,英国保留相应权利。这样的权利使英国对待德兰士瓦共和国时与对待其他独立共和国不一样。至于这种差异是否等同于宗主权,这是国际法学家应该进行的学术讨论。重要的是事实,而非表面的文字。

---

① 以下仍称德兰士瓦共和国。——译者注

第 2 章

争端的缘由

精彩看点

黄金——兰德金矿——黄金开采——外国人遭遇的不公——赋税——投票权——教育政策——W.T. 斯特德——布尔官员财富增长速度——詹姆斯·珀西·菲茨帕特里克爵士——人民议会辩论中——市民权——弗里德里希·耶珀——利恩德·斯塔尔·詹姆森——约瑟夫·张伯伦——利恩德·斯塔尔·詹姆森突袭

以前人们就知道德兰士瓦共和国有黄金，但直到1886年，人们才发现，位于首都比勒陀利亚以南约三十英里的金矿价值连城。石英脉型金矿里的黄金比例不高，矿脉厚度也不大，而兰德金矿有它的独特之处。在整个"含金砾岩层"中，黄金分布均匀。企业可以明确知道金矿的开采量。这是其他金矿很难具备的条件。因此，在这里开采黄金更像是采石而非采金。此外，原先被视为出露区的矿脉经过深挖之后，人们发现地下金矿的特征与地表一致。兰德金矿可开采黄金的价值保守估计为七亿英镑。

这一重大发现不可避免地产生诸多影响。不管能不能挖到金子，大批冒险者涌入南非。一般来说，新发现的金矿往往会吸引想要大赚一笔的暴徒和亡命徒，但这座金矿的特殊性将这些人排除在外，因为这一类型的黄金开采不适合个人冒险家，而只能依靠精密的机械设备，因此需要的是大笔资金，管理人员、工程师、矿工、技术专家，以及靠这些人谋生的商人和中间商。这些人都是来自各个国家各个种族的外国人或称侨民，但主要还是盎格鲁-凯尔特人。最好的工程师来自美国，最好的矿工来自康沃尔，最好的经理来自英格兰。经营矿山的大部分资金是在英格兰筹到的。然而，随着时间的推移，德国和法国在金矿的份额不断扩大。后来，它们的共同持股权与英国相当。很快，矿区中心的人口几乎和布尔人持平，而大部分人是正值壮年的男人，他们精力旺盛又极其聪明。

这种情况非同寻常。在前文，我曾用比喻的办法帮助美国人了解这个问题。譬如，纽约的荷兰人向西迁徙，建立了一个既反美又非常落后的州。假设这是加利福尼亚州，而加利福尼亚州的黄金吸引了大量美国公民涌入。这些人被课以重税，备受欺压。他们对所受不公大声疾呼，令华盛顿震惊。这就是当时德兰士瓦共和国、外国人和英国政府之间的关系。

毋庸置疑，外国人的不满是真实而迫切的。将他们的委屈一项项列出来可能是一项艰巨的任务，因为他们的生活因不公的待遇而笼罩上一层阴影。布尔人曾在开普殖民地遭受不公，甚至最后被驱逐。当时，人们将一切加诸其他人身上。这种做法也许在1835年还能得到原谅，但到了1895年，就显得骇人听闻。在诱惑面前，布尔人最初的美德土崩瓦解。布尔人受影响较小，有些压根就没有受影响。但比勒陀利亚政府成为最腐败的寡头集团，腐败至极，无能至极。当地官员和从荷兰派来的高官把持了矿山源源不断的黄金，而倒霉的外国人不但贡献了百分之九十的税款，而且处处被剥一层皮。当外国人想通过获得投票权摆脱困境时，得到的只有嘲笑和奚落。外国人非但不是蛮横无理的人，其耐心程度反倒可以称得上温顺了。如果周围机枪环绕，资本也得低头。但外国人的处境让人难以忍受。在接连不断的和平鼓动和无数卑微的请愿之后，他们终于意识到，除非能找到为自己争取权益的办法，否则目前的处境永远无法改善。

外国人遭遇的不公众多，我仅列举其中严重的几条：

赋税重。德兰士瓦共和国全国税收的八分之七由外国人贡献。1886年，德兰士瓦共和国总收入仅为十五万四千英镑，当时金矿刚开始挖掘。到了1899年，德兰士瓦共和国总收入达到四百万英镑。通过新移民建立的产业，德兰士瓦共和国从世界上最贫穷的国家之一摇身一变，成为世界上最富裕的国家——按人均收入评估的话。

外国人虽然带来了经济繁荣，但没有投票权，因而无法左右自己创造财富的支配方式。而这种只有纳税权却无代表权的事情则是闻所未闻。

对于官员的选择和薪水，外国人没有发言权。品德最差的人可能拥有完全的权力,支配最有价值的东西。1899年,德兰士瓦共和国官员的薪资总额足够给全部布尔人每人发四十英镑。

外国人无法左右教育政策。约翰内斯堡教育委员会总干事约翰·罗宾逊先生估计,在六万三千英镑的教育经费中,只有六百五十英镑拨给了外国人学校。这样算下来,外国人儿童每年人均教育经费只有一先令十便士,而布尔儿童是八英镑六先令。总教育经费的87.5%来自外国人缴纳的税款。

在市政府,外国人毫无权力。外国人居住区的用水要依靠水车,没有水管;只有泔水桶,没有排水管;警察腐败而暴力;本是疗养圣地的地方死亡率奇高。这一切都发生在外国人自己建立的城市中。

专制政府控制新闻和公开集会。

外国人无资格做陪审员。

令人恼火的立法不断蚕食矿业利益。有些立法针对金矿,有些则直接影响全部外国人,导致外国人产生诸多不满。炸药的垄断使矿主不得不每年额外支付六十万英镑才能得到质量较差的炸药。酒精法让黑种人整日醉醺醺。国有铁路经营不善,费用高昂,无异于敲诈勒索。大量日常消费品的特许经营权由个人垄断,从而维持高价。约翰内斯堡周边都收过路费,而这个城市却没有从中获利。经济上或多或少的不满在生活中处处叠加,不断放大。然而,W.T.斯特德将这种情况形容成"一小撮英国人微不足道的委屈"。

下表是从开始采矿至战争爆发期间政府职员的工资支出情况。从中可以看出当地政府压榨外国人的程度和布尔官员财富增长的速度:

年份	单位(英镑)
1886年	51,831
1887年	99,083
1888年	164,466
1889年	249,641
1890年	324,520
1891年	332,888

续　表

1892年	323,608
1893年	361,275
1894年	419,775
1895年	570,047
1896年	813,029
1897年	996,959
1898	1,080,382
1899年	1,216,394

詹姆斯·珀西·菲茨帕特里克爵士指出，这份工资单表明，与外国人刚到南非时相比，1899年的政府官员的工资翻了二十四倍，而当时政府官员工资总额是国库收入的五倍。

除了要忍受这些显而易见的压榨，外国人还要承受精神上日复一日的折磨。外国人生而自由，追求进步，习惯了自由体制，但现在他们的专制统治者不是无知的偏执狂就是跳梁小丑，并且所有人都是恬不知耻的腐败分子。在赛拉提铁路公司一案中，第一届人民议会二十五名成员中的二十一名被控受贿。有详细记录列举受贿金额、日期、行贿人。其中包括现任副总统沙尔克·伯格、案件爆发时的副总统、保罗·克鲁格的女婿扬·埃洛夫及人民议会秘书。显然，行政机关和立法机关每个人都有自己的价码。

腐败的立法机构就像邪恶的一家之主，但当它狭隘又偏执时，更令人无法容忍。以下是两次人民议会辩论中的小片段，展示了统治者的"智慧"与"执政精神"，而他们领导着当时世界上最进步的群体。

> 比勒陀利亚设置的邮箱由于过于豪华和女性化而遭到反对，D.W.塔尔加德议员说不明白为什么人们总要写信，他从来不写信。他年轻的时候写过一封信，然后骑马加坐车到五十多英里外的地方去寄信，而现在的人走一英里都会抱怨。

詹姆斯·珀西·菲茨帕特里克

关于减少蝗虫灾害的辩论引发了以下讨论：

> 1892年7月21日，鲁斯先生说，蝗虫是一种瘟疫。就像在法老时代一样，这是上帝所为。如果一个国家想与上帝之手抗衡，那么它将注定受辱蒙羞。
>
> B.W.J.斯托普先生和A.A.斯托普先生持同样的论调，并在发言中大部分引用《圣经》。

议长讲述了一个真实的故事：从前，有个农民的农场从来没有蝗虫，但某天农民杀死几只蝗虫后，整个农场全被蝗虫毁了。

A.A.斯托普先生恳求各位议员不要将自己视为反抗上帝的地方之神。

卢卡斯·迈耶先生嘲笑了前几位发言者的论据，说蝗虫是应被消灭的猛兽，顿时引起轩然大波。

拉布斯查尼先生非常激动。他说蝗虫与猛兽完全不同。蝗虫是神降给有罪之人的灾祸。

在进一步的辩论中：

扬·德·比尔先生说大家的领带缺乏统一性。有的领带是大拇指汤姆式，有的是围巾式。这种情况令人遗憾。他认为人民议会应该做点实事，规定领带的大小和形状。

以下的辩论记录则证明立法者毫无处理经济问题的能力：

1889年5月8日，示巴金矿公司申请许可，希望在矿区和工厂之间架设空中有轨电车。

格罗贝拉尔先生询问空中有轨电车是不是气球？能否在空中飞行？

唯一反对电车议案的是议长。他的理由是明明有许多荷兰语公司名称，但该公司用了英文名。

D.W.塔尔加德先生认为"particitpeeren"[①]这个词不是荷兰语。他觉得这个词晦涩难懂，"我无法相信这是荷兰语，如果是荷兰语，我怎么从来没有在《圣经》里见过"？

---

① 意为"参与"。——原注

1889年6月18日关于尾矿经营权的申请：

> D.W.塔尔加德先生想知道"黄铁矿"和"浓缩"能否翻译成荷兰语。他不懂这两个词的意思。在比勒陀利亚时，他就一直在夜校学习，但现在他仍无法向市民解释所有东西。他认为，为了地下的大量黄金而不断开挖，地面上却形成大山，这是一个令人遗憾的情况。而这块地方将来可能需要建新的市场或用作城市外扩。如果石英能用荷兰语来命名，他将赞同这个提议。因为这种改变的意义要比有些人想象得大。

现在，以上辩论内容听起来可能很可笑，但当这些话来自完全掌控你生活的独裁者时，就没有那么有趣了。

外国人都忙于自己的生意，无心从政，即使想参与国家事务，也只是想让自己的生意和日常生活能更顺利一些。看到他们遭受的欺压，只要是明理的人就一定能明白干预的重要性。表面上看，人们可能会认为布尔人是自由的捍卫者，但我们必须意识到，实际上，在那段历史时期，不管是排他性还是压迫性，布尔人——由他们选举产生的统治者代表——都到了令人作呕的程度。他们的自由理念既狭隘又自私。与后来他们被反抗时遭受到的痛苦相比，他们给其他人带来的痛苦要大得多。

随着金矿重要性突显，矿工人数越来越多。人们发现，政治上的短板对来自大城市人的影响要严重，而影响的深远程度与当事人祖国的自由程度呈正比。对于美国人、英国人难以忍受的事情，来自欧洲大陆的外国人则更能忍受。然而，美国人人数少，而英国人的数量比其他外国人加起来还多。因此，英国人成了争取自由斗争的主力军。除此之外，与其他国家的人相比，还有一些特殊的原因导致英国人觉得现在的地位无比屈辱。首先，许多当地英国人是南非英国人。他们知道，在邻近的几个英属殖民地，布尔人享有最自由的制度。而在德兰士瓦共和国，布尔人连外国人居住区的下水道和供水都不能让外国人自己管理。此外，每个英国人都知道，英国称在南非享有最高权力。因此，英国人觉得，在一个应该庇护英国人的国家，如今政府却在密谋和默许对英国人的欺压。作为在南非拥有至高无上权利国家的公民，竟然在政治上听命于人，这尤其令人难堪。于是，在鼓动者中，英国人坚持不懈。

但如果能公平论述和认真考虑对手的情况，这一理由就不成立。如前所述，布尔人曾付出巨大心血建立自己的国家。他们不畏艰险向北迁移，辛苦工作，英勇战斗。然而，在建立起自己的国家后，布尔人看到大批外来人口涌入，数量甚至超出本地居民，并且其中一些人背景可疑。如果授予所有外来者投票权，即使布尔人最初还可以控制大多数选票，但毋庸置疑，新来者迟早会在议会中占大多数并选出他们自己的总统。新总统也许会实施让原来的土地拥有者闻风丧胆的新政策。布尔人要在选举中失去用步枪换来的胜利吗？如果是这样，对布尔人公平吗？这些外来户为黄金而来，他们找到了金子，而他们的公司也百分百地支付了薪水，难道他们还不满足吗？他们如果不喜欢这个国家，为何不离开？没有人强迫他们留在这里。但他们如果留下来，就应该感激本地人对他们的宽容。本地人允许他们进入德兰士瓦共和国，但不希望他们干涉自己国家的法律。

这是站在布尔人立场上的公正表述。乍一看，一个不偏不倚的人可能还有很多话想说，但更仔细更深入的研究表明，这种说法即使在理论上成立，在实践中既不公平也不太可能。

在当今纷繁世界中，有的政策可能会在某个不为人知的角落里实施。对这样一个处在工业发展前线、占地广袤的国家而言，这些政策不大可能实施得下去。布尔人的立场人工痕迹太重。凭着征服的权力，人口不多的布尔人拥有一个巨大的国家。他们各自的农场相距甚远。用他们的话说，一个农舍看不到另一个农舍的炊烟。虽然他们的人数与德兰士瓦共和国面积不成比例，但他们拒绝平等接纳其他人，称自己为特权阶级，应该完全统治新移民。在他们自己的领土上，新移民的人数超过了他们，但他们以地球上从未有过的方式压制着那些受教育程度更高、更进步的移民。他们的权利是什么？是征服权。也许同样的征服权也可被用来扭转这一令人无法忍受的局面。他们自己也承认这一点。当外国人提交投票权请愿书时，一名人民议会议员就曾高喊"开战吧！来吧！"保罗·克鲁格对W.Y.坎贝尔说:"抗议!抗议!抗议有什么用?你们又没有枪,但我有。"就是上诉到法院,总统的长枪大炮依然是最有利的回击武器。

如果布尔人没有从移民那里得到好处,那么他们的论点可能会更真实可信。布尔人如果直接无视新移民,就可以理直气壮地说不想要新移民出现在自己的国家。但即使不停地抗议,布尔人仍然靠着新移民发财致富。鱼与熊掌不能兼得。要么压制新移民,不用他们渔利;要么让他们的生活好一点,靠他们的钱建设国家。然而一边欺压移民,一边用他们的税收将国家建得更强大,这肯定不公平。

况且,布尔人的整个论点来自一种狭隘的种族主义观点——只要没有布尔血统,即使归化入籍,也必然不爱国。然而,后来的历史并没有证明这一点。新移民很快就和老移民一样,为自己的国家而自豪,向往南非的自由。如果保罗·克鲁格总统能大方地给予外国人投票权,那么他的权力金字塔的根基将更加稳固。确实,腐败集团将会消失,随之更广泛、更宽容的自由精神将持续影响德兰士瓦共和国。如果人民只在细节问题上有分歧,在关键问题上团结统一,那么德兰士瓦共和国就会变得更加强大、持久。这种解决方案是否有利于英国在南非的利益则是另一个问题。而事实上,保罗·克鲁格总统的所作所为加速了英国的战争决策。

1881年,在《比勒陀利亚协定》签署的时候,外国人在德兰士瓦共和国居住一年就可获得国民权。1882年,居住时限提升至五年——英国和美国都按照这个年限给予外国人国民权。如果这一条能保持不变,就不会出现外国人问题或爆发战争。对待外国人的各种不公不用外部干涉,从内部就可以得到解决。

1890年,大量外来者的涌入使布尔人有些警觉,获得投票权的居住年限因而提高到十四年。外国人数量迅速增加。他们深受各种欺压之苦。外国人认为各种问题太多,要等着逐一解决,但希望渺茫。因此,只有获得投票权才能真正卸下种种沉重负担。1893年,一万三千名外国人向议会提交了一份言词恭敬的请愿书,结果议会直接无视。这次失败没有吓退外国人。1894年,一个非资本家协会——全国改革联盟——卷土重来。该组织起草了一份由三万五千名成年外国人男性签署的请愿书。签字人数相当于布尔人总人口。议会的一个小自由派团体支持该提议，也想为外国人争取权益，但徒劳无功。弗里德里希·耶珀先生是这个团体的代言人。他说："外国人拥有一半的土地，贡献至少四分之三的税款。在资金、教育方面，他们都不输我们。有一天，全国每二十个人中只有一个布尔人，而另外十九个人都与布尔人为敌。这些人曾经想成为我们的兄弟，但我们用自己的行为让他们成为共和国的外人。如果到了这一天，我们或我们的孩子该怎么办？"这样合理和自由的观点却被其他议员驳斥。他们认为请愿书上的签字不可能来自守法公民，因为这样的请愿就是对抗投票权法。还有其他议员——如前文提到的议员——直接叫嚣着与外国人一战。这次，排他性和种族仇恨的拥护者赢得了胜利。请愿以十六票对八票被驳回。按照保罗·克鲁格提议，投票权法随后变得更加严苛。外国人在南非居住的十四年里，申请人应放弃以前的国籍，因而这段时间他不属于任何国家的公民。不管外国人是什么态度，都无法动摇保罗·克鲁格和当地市民的决心。外国人的希望破灭了。保罗·克鲁格曾将一位抗议人士带到政府大楼外，指着国旗说："你看到那面旗吗？如果给你们投票权，我不如将国旗取下来。"保罗·克鲁格对移民报有极大的敌意。在一次公开演讲中，他抱着安抚的态度作了如下开场白："市民们、朋友们、小偷、杀人犯、移民们，还有其他人。"尽管约翰内斯堡离比勒陀利亚只有三十二英里，尽管保罗·克鲁格领导的国家依赖金矿的收入，但在九年时间里，他只去了约翰内斯堡三次。

　　这种固有的仇恨极其可悲，但并非反常。如果一个人认为只有自己和族人是"上帝的选民"，除了灌输这种思维方式的《圣经》，他没有读过其他书，那就不能指望他看到自由制度给国家带来的好处，而他也无法借鉴历史的经验。对他而言，这就像亚扪人和摩押人要求进入十二个支派[①]。保罗·克鲁格将反对国家排外政策误解为反对国家本身的存在，而扩大投票权将使他的国家根基更稳，持续时间更久。只有小部分外国人想要并入英国体系。外国人来自世界各地，只

---

① 古代以色列人有十二支派——或称氏族。在以色列人入侵迦南的时候，亚扪人和摩押人不给予方便并且雇巴兰咒诅他们。因此，《圣经》中说："亚扪人或是摩押人不可入耶和华的会；他们的子孙虽过十代，也永不可入耶和华的会。"——译者注

20世纪初的约翰内斯堡

是因为遭遇一样的不公正才团结在一起。大部分英国移民无意颠覆这个国家，但当其他方法都失败后，当他们想要获得自由人权利的请愿被驳回后，他们的眼光自然转向飘扬在北面、西面、南面的英国旗帜。那代表着所有人享有平等权利和义务的清廉政府。对宪法的不满暂时被搁置一边。人们开始偷运武器，做好一切准备，酝酿一场精心策划的起义。

根据安排，在某个夜晚，人们发动起义，攻打比勒陀利亚，占领要塞，抢夺步枪和弹药武装外国人。虽然这是个可行方案，但在见识过当地市民军事实力的我们看来，完全是孤注一掷。但可以想象，起义军会一直占领约翰内斯堡，直到他们的行为引起南非的普遍同情，从而促使英国干预。遗憾的是，他们一边向外界求助，一边将事情复杂化了。塞西尔·罗德是开普殖民地总理。他精力充沛，曾为英国作出巨大贡献，但他的动机往往模棱两可。我们可以这样说，他的动机绝不卑鄙，因为他一贯格局大，行事不拘小节。但不管他出于什么动机，是

047 | 第2章 争端的缘由

利恩德·斯塔尔·詹姆森

想在英国的统治下统一南非，还是仅仅向外国人对不公待遇的抗争表示同情，可以肯定的是，他让自己的心腹利恩德·斯塔尔·詹姆森召集了不列颠南非公司的骑警队。塞西尔·罗德是不列颠南非公司的创始人和董事。骑警队与约翰内斯堡的起义军合作。此外，由于对起义旗帜存在分歧，约翰内斯堡起义被推迟。这时，不知道是不是塞西尔·罗德的命令，利恩德·斯塔尔·詹姆森迫使共谋者入侵德兰士瓦共和国，但部队的数量和战斗力都不足以胜任。1895年12月29日，五百名警察和两架野战炮组成一支敢死队从马弗京出发，穿越德兰士瓦共和国边境。1896年1月2日,在多恩科普附近破败的村庄里,他们被布尔人包围,死伤多人,没有食物,而马也筋疲力尽。最终,他们被迫放下武器。六个人在这场冲突中丧生。

有人下定决心将英国政府与这场惨败扯上关系,认为殖民部大臣约瑟夫·张伯伦[1]和其他政治人士均知悉此事。这种局面是由调查委员会不愿进行彻底调查而导致的。令人遗憾的是,当时调查委员会没有调阅与此事相关的所有信或电报,是担心约瑟夫·张伯伦和英国政府会受到牵连。但调查委员会里有亨利·坎贝尔–班纳曼爵士[2]和威廉·哈考特爵士[3],因此,这样的想法未免欲盖弥彰。我们能想象调查委员担心英国利益受损,或者约瑟夫·张伯伦明知调查委员共谋压下了他确实知道这一事件的证据,还要在他们的面前厚颜无耻地公开庄严否认知道这件事?这样的推测简直荒谬。有的理论认为调查委员会没有推动全面调查,因为他们担心调查出来的结果证明英国在这件事上负有责任。

即使对约瑟夫·张伯伦恨之入骨的人也不得不承认,他是一个头脑清醒、有决断力的人。为了达到目的,他对策略的使用往往极有分寸。在明明知道当地市民的军事实力的情况下,这样一个人怎么可能只派五百名警察和两架野战炮实施入侵计划?他即使赞成出兵的目的,但会批准这样轻率的愚蠢行为吗?即使同意,在听到入侵的那一刻,他为什么又要采取积极措施扭转局势,导致自己的计划失败?难道他这么没有目的性吗?在这样的假设中,为什么他积极送信给约翰内斯堡,禁止英国人与袭击者合作?整个指控荒谬无比,只有党派仇恨或民族仇恨的狂热分子才会引导别人去相信这种无稽之谈。

再者,假设英国政府对即将到来的袭击有所知晓,首先应该做什么?无论利

---

[1] 约瑟夫·张伯伦(Joseph Chamberlain, 1836—1914),英国政治家。在他担任殖民部大臣任内,第二次布尔战争爆发。约瑟夫·张伯伦负责战时大部分军务。——译者注
[2] 亨利·坎贝尔–班纳曼爵士(Sir Henry Campbell-Bannerman, 1836—1908),英国自由党政治家,1905年至1908年出任英国首相。他是历史上首位正式被官方称为"首相"的第一财政大臣。他带头同意德兰士瓦共和国和奥兰治自由邦实行自治,从而获得布尔人对英国的忠诚。——译者注
[3] 威廉·哈考特爵士(Sir William Harcourt, 1827—1904),英国律师、记者、自由党政治家。他曾担任多个选区的议员。成为反对党领袖之前,他在威廉·尤尔特·格莱斯顿首相任内担任内政大臣和财政大臣。——译者注

塞西尔·罗德

约瑟夫·张伯伦

亨利·坎贝尔-班纳曼

威廉·哈考特

恩德·斯塔尔·詹姆森是否安全到达约翰内斯堡，南非都有可能发生激烈的种族斗争。那么，不管利用什么借口，英国政府都应该增加在南非的兵力。因为当时驻守南非的英国兵力太弱，不足以影响事件进程，这一点毋庸置疑，但英国没有做出增加兵力的行动。

约瑟夫·张伯伦先生的否认简明扼要：

> 我希望以最简单明了的方式说明，事发前我一直没有得到任何恶意或武装入侵德兰士瓦共和国的消息。直到突袭发生的前一天，我才有所怀疑。

殖民部副大臣第二代塞尔伯恩伯爵威廉·沃尔迪格拉维·帕尔默①的表态也同样明确：

> 在袭击发生之前，我们均不知这个所谓的"利恩德·斯塔尔·詹姆森计划"，也不知道约翰内斯堡的革命很大程度上由开普殖民地和罗得西亚控制和资助……除了参与策划的人，其他人对即将发生的事情没有任何怀疑，夏乔士·罗便臣爵士是这样，保罗·克鲁格总统和扬·亨德里克·霍夫迈尔先生显然也不知情。南非的所有政府官员都一样。无论如何，事实上，在此之前，英国殖民部从未收到任何警告。事实上，如果我们提前有所怀疑，这件事的最终走向可能完全不同。

调查委员会由各党派人士组成。正如我们所知，其中有些人呼吁"约瑟夫·张伯伦下台"。调查委员会的结论一致谴责此次袭击，一致认为英国政府并不知情。调查委员会的报告如下：

---

① 第二代塞尔伯恩伯爵威廉·沃尔迪格拉维·帕尔默（William Waldegrave Palmer 2nd Earl of Selborne，1859—1942），英国政治家和殖民地管理者。1905年到1910年任英国驻南非高级专员和德兰士瓦、奥兰治殖民地总督，成为殖民地事务大臣约瑟夫·张伯伦的副手。——译者注

威廉·沃尔迪格拉维·帕尔默的漫画形象

本调查委员会完全接受殖民部大臣和副大臣的声明,并认定英国殖民部官员对于利恩德·斯塔尔·詹姆森带领部队入侵德兰士瓦共和国一事并不知情。殖民部大臣和英国殖民部的任何官员都没有收到情报能让他们中的任何人知晓或可能知晓突袭一事。

然而,迄今为止,英国少数狂热分子和不了解实情而带有偏见的欧洲编辑依然坚信英国政府对这次突袭负有不可推卸的责任。

由于没有派出增援力量协助陷入困境的利恩德·斯塔尔·詹姆森,侨民受到严厉批评，但如果他们采取类似救援的行动则几乎不可行。事发之前，人们竭尽全力阻止利恩德·斯塔尔·詹姆森前来拯救侨民，现在人们认为侨民应当增援利恩德·斯塔尔·詹姆森。这不合理。事实上，侨民过度相信利恩德·斯塔尔·詹姆森所率部队的军事实力。听说利恩德·斯塔尔·詹姆森被捕时，他们完全难以相信。在消息被确定后，侨民立即揭竿而起，虽然并未拼尽全力，但不是因为缺乏勇气，而是立场尴尬。一方面，英国政府与利恩德·斯塔尔·詹姆森完全划清界限，并尽其所能阻止起义；另一方面，保罗·克鲁格总统将突袭者扣押在比勒陀利亚，放出风声：突袭者的命运取决于外国人的行为。外国人受到诱导，认为如果自己不缴械投降，利恩德·斯塔尔·詹姆森会被就地正法。但事实上，利恩德·斯塔尔·詹姆森和部队投降时就已得到赦免的承诺。保罗·克鲁格巧妙地利用人质，并在英国专员的帮助下，成功使数千激动的约翰内斯堡群众放下武器，没有发生任何流血冲突。这位精明的老总统将改革派的领袖玩弄于股掌之间，让他们认为随后就有大赦，而改革派运用所有影响力让事态朝和平方向转变。然而，一旦改革派及其支持者没有后援，武装市民就会迅速占领整座城市。改革派中的六十人被匆忙押往比勒陀利亚监狱。

保罗·克鲁格对突袭者的处理相当宽容。突袭者的行动将保罗·克鲁格推到正义的一边，让他赢得全世界的同情。保罗·克鲁格内心深处也许并未打算严厉惩罚他们。有了突袭者的非法入侵，保罗·克鲁格曾经对外国人的限制和压制被人们抛诸脑后。真正的问题被这次突袭掩盖，之后耗费多年才得到解决，但也许永远不可能完全解决。人们忘记了正是由于德兰士瓦共和国政府的无能导致了利恩德·斯塔尔·詹姆森突袭事件。从那时起，政府越来越糟，但每次都将这次突袭提出来粉饰太平。外国人能否有投票权？突袭之后还能指望有投票权吗？英国能反对德兰士瓦共和国大量进口武器，而这显然是为作战准备吗？面对这些问题，德兰士瓦共和国政府的回答是：这只是防止出现第二次突袭的预防措施而已。多年来，利恩德·斯塔尔·詹姆森突袭事件不仅阻碍了所有进步，也阻断了所有的抗议。一场英国政府无法控制、已尽力阻止的行动成为一个糟糕案例，破坏了英国的道德权威。

约翰·海斯·哈蒙德

突袭者被遣送回国，其中普通士兵被释放，军官被处以监禁，但刑期并不长。与此同时，与对利恩德·斯塔尔·詹姆森突袭参与者的态度相比，保罗·克鲁格和市民对约翰内斯堡政治犯的态度更严厉。这些政治犯的国籍也值得人们深思。其中有二十三个英格兰人、十六个南非人、九个苏格兰人、六个美国人、两个威尔士人、一个爱尔兰人、一个澳大利亚人、一个荷兰人、一个巴伐利亚人、一个加拿大人、一个瑞士人和一个土耳其人。这份名单充分证明了只有来自英国的外国人对不公正的待遇积怨颇深。1896年1月，这些政治犯被捕，但直到1896年4月底才接受审判。所有人都被判犯有叛国罪。莱昂内尔·菲利普斯、法兰克·罗德上校①、乔治·法拉尔、美国工程师约翰·海斯·哈蒙德均被判处死刑。后来，

---

① 塞西尔·罗德先生的长兄。——原注

莱昂内尔·菲利普斯

法兰克·罗德

死刑改判为支付巨额罚款。其他政治犯均被判处入狱两年并交罚款两千英镑。这些政治犯的狱中生活十分艰苦。监狱长杜普莱西的严酷让政治犯们备受煎熬。监狱的饮食极差,生活环境极恶劣。一人割喉自杀,另外几人身患重病。最终,到了1896年5月底,除了六个人,其余政治犯都被释放。之后又有四人被释放。奥布里·伍尔斯-桑普和瓦尔特·大卫·戴维斯两人毅然决然地拒绝签署任何求请书,直到1897年才被释放。在此过程中,德兰士瓦共和国政府从改革派政治犯身上共收罚款二十一万二千英镑。不久,这起严重事件向喜剧化方向发展。德兰士瓦共和国政府向英国提出一百六十七万七千九百三十八英镑三先令三便士的赔偿要求。其中大部分名目是道德和精神损害。但令人担心的是,到现在为止,英国政府连零头——三先令三便士——都没有支付。

利恩德·斯塔尔·詹姆森突袭事件已经成为过去,改革运动已经成为历史,但它们背后的根本原因从未消失。很难想象,一个爱国的政治家看到目前的局面已带来极大危害,并且形势显然会日益严重,却不打算采取措施有所改变。保罗·克鲁格一如既往地铁石心肠。外国人的不满与日俱增。从前,他们唯一的申冤之地是法院。而现在法令规定,法院应该完全听命于人民议会。首席大法官抗议自己的职位形同虚设,结果遭到解职,并且被取消了退休金。谴责改革者的法官填补了大法官的职位,而外国人不再享有固定法的保护。

德兰士瓦共和国政府派出一个委员会调查采矿业的状况和外国人的不公待遇。委员会主席是沙尔克·伯格——一位非常开明的布尔人。调查进行得彻底且公正。调查报告充分证明了改革派的正确性,同时提出了对现状的补救措施,满足外国人的诉求。如果有了这样开明的立法,那么外国人寻求投票权的动机也就不那么迫切了,但保罗·克鲁格和议会没有采纳委员会的任何建议。这位粗犷的老独裁者称签署这份文件的沙尔克·伯格是国家的叛徒,并成立新的保守委员会对这份报告进行调查。该事件最终只剩下文字和文件。外国人的状况并未得到改善,但至少他们可以将冤情公之于众,记录在案,并得到市民中德高望重人士的支持。渐渐地,英语国家的媒体也不再用利恩德·斯塔尔·詹姆森突袭事件掩盖真正的问题。更加明显的是,在一个国家,如果一半人被另一半人压迫，那么这样的国家不可能实现长治久安。不管是和平手段还是武力手段，外国人都尝试过，但均于事无补。他们还能做什么呢？他们自己的国家虽然拥有统治南非的最高权力，却从未帮过他们。如果他们直截了当向英国求助，英国也许可能帮助他们。哪怕只是为了英国的声誉，英国也不可能让子民永远唯唯诺诺。一切的导火索是约翰内斯堡一个布尔警察巴伦德·斯特凡努斯·琼斯枪杀了一名叫汤姆·杰克逊·埃德加的英国矿工。南非当局偏袒巴伦德·斯特凡努斯·琼斯，使英国人认为在专横的武装警察面前，他们的生命不再有保障。如果换个时间点，或许此事没有那么重要，但在当时而言，它被视为矿工遭受不公的最典型事例。由英国居民召集的抗议活动被布尔官员派出的工人驱散。绝望之下，德兰士瓦共和国的外国人决定向维多利亚女王请愿。从此，德兰士瓦共和国内外国人遭遇的种种不公从当地事件演变成国际政治事件。英国政府要么保护他们，要么承认维多利亚女王力有不逮。1899年4月，两万一千名外国人签署了一份直接向维多利亚女王请求保护的请愿书。

从以下节选中，我们可以看到这份历史性的请愿书的立场：

> 陛下的臣民在该国的境遇确实已经到了令人无法忍受的地步。
>
> 1895之前英国臣民所遭受的种种不公，现在非但没有得到改变，反倒日益严重。他们仍然被剥夺了所有的政治权，在国家政府事务中没有话语权。他们要缴纳的税远远高于这个国家的需求，而国家收入投入的方向却让他们愤怒不已。这种情绪持续不断不是毫无来由。国家收入没有以任何方式促进国家的普遍利益。政府管理不善，官员侵吞公款。未采取任何措施制止这一丑闻。外国儿童的教育条件恶劣。警察的存在非但没有保护约翰内斯堡居民的生命和财产，反倒成为威胁外国人安全的重大隐患。
>
> 自今年年初以来，还有一种不满情绪日益高涨。1894年《公共集会法》颁布以来，对陛下的臣民而言，这部法律赋予政府的权力是一种威胁，用来剥夺英国臣民与生俱来不可剥夺的固有权利，即向君主请愿的权

利。政府以此法之名，玩弄文字游戏，逮捕了两名代表四千名英国侨民向陛下请愿的英国人。政府并未停手。当陛下忠实的臣民打算再次向陛下陈情时，政府组织布尔人，并在警方的保护下授意布尔人扰乱集会。由于政府的直接和间接行为，陛下忠实的臣民无法公开表达不满，也无法将不满向陛下陈情。

因此，卑微的请愿者请求最仁慈的陛下保护居住在这个国家的忠实臣民，调查我们在请愿书中陈述列举的种种不公，同时请求陛下指示您在南非的代表采取措施迅速改善我们的状况，并从这个国家的政府获得实质性保证，承认英国臣民的权利。

从备受欺辱的英国侨民直接向英国女王请愿的那天起，事件不可避免地呈现一边倒的趋势。如同河水，水面时而湍急，时而平缓，但水流一直迅猛，而瀑布的轰鸣声愈加强烈。

第 3 章

战争前的谈判

精彩看点

英国的立场——非洲白种人之间的平等关系——英国侨民向英国政府提交请愿书——威廉·约翰内斯·利兹——谈判——外国人的不满和诉求——阿尔弗雷德·米尔纳爵士——外国人投票权——亚伯拉罕·费舍尔——无外国势力干涉的仲裁——第三代索尔兹伯里侯爵罗伯特·阿瑟·塔尔博特·加斯科因-塞西尔——德兰士瓦共和国拒绝英国提案

在南非，英国政府和英国人民不希望拥有任何直接权力或权威，最希望看到的就是各国和睦相处，繁荣发展，整个南非都不需要派驻英国的军队。外国批评家对英国殖民体系存在误读，所以永远无法认识到，不管金矿上飘扬的是德兰士瓦共和国的四色旗还是自治殖民地的英国国旗，对英国收入的影响都微乎其微。德兰士瓦作为英国殖民地，有自己的立法机构、自己的收入支出，对母国英国及世界其他国家征收关税。一方面，如果德兰士瓦共和国的国家性质发生任何变化，英国并不会因此在经济上受益。对英国人而言，这点显而易见。因此，英国人并不坚持要求德兰士瓦共和国进行变革。正是出于这个原因，南非以外的国家都误读了英国的立场。另一方面，因为进行变革对英国没有什么好处，反而要承担变革产生的大部分冲突和经济损失。因此，表面看来，英国完全有理由逃避征服德兰士瓦共和国这一艰巨任务。最好的情况是英国没有受益，而最坏的情况则是英国损失巨大。这不是野心或侵略的问题，而是选择逃避还是完成艰巨任务的问题。

英国也不可能有兼并德兰士瓦共和国的阴谋。在一个自由的国家，政府不能先于民意而动，而民意经常受到报纸的影响。在报道中，民意也有所反映。英国和德兰士瓦共和国谈判长达数月，如果查阅当时的新闻档案，找不到一条可信的支持兼并的观点。当时，社会上也没有人倡导英国兼并德兰士瓦共和国。但严重的错误已经产生，人们要求的只是最小限度的改变，从而拨乱反正，重建非洲白种人之间的平等。一份最能代表理性英国人观点的报纸称："保罗·克鲁格如果只授予投票权，就会发现共和国的政权非但不会削弱反倒会更加稳固。如果他给予大多数成年男子完全的投票权，那么这一行为比任何东西都能赋予德兰士瓦共和国稳定和强大。但他如果拒绝所有投票权的请求，坚持目前的政策，那么或许能推迟黑暗之日的出现，再维持几年割舍不下的寡头政治，但结局殊途同归。"这段文字反映了几乎所有英国报纸当时的论调，即认为即使英国人在德兰士瓦共和国长期遭受不公待遇，英国确实对他们有不可推卸的责任，但这也不能成为英国干涉德兰士瓦共和国内政的理由。在利恩德·斯塔尔·詹姆森突袭之前，有人希望代表英国人积极干预德兰士瓦共和国现状，但毋庸置疑，这次突袭削弱了德兰士瓦共和国的力量。社会上普遍有一种说不清道不明的感觉，认为也许是资本家为实现自己的目的而操纵当时的情况。然而，不要说处于战争状态，就算国家只是有些动荡也很难想象能有利于资本发展。显而易见，如果有阴谋家想要利用外国人的不满实现自己的目的，那么将他一军的最好方式就是解决引起这些外国人不满的根源。不过，那些忽略事实真相、纠缠细枝末节的人确实有疑虑。在整个谈判过程中，英国的影响被削弱。正如它的对手所料，这样的结果正是由那些苛刻、挑剔的少数人造成的。

　　1899年4月，英国侨民向英国政府提交请愿书，请求得到保护。自1899年4月以来，德兰士瓦共和国国务卿威廉·约翰内斯·利兹①和殖民部大臣约瑟夫·张伯伦就宗主国的存在与否多次进行书面沟通。一方面，有人认为《伦敦协定》完全取代了《比勒陀利亚协定》；另一方面，有人认为《比勒陀利亚协定》的序言部分同样适用于《伦敦协定》。如果德兰士瓦共和国的论点是正确的，那么英国显然落入了圈套，因为《伦敦协定》对英国没有任何好处，即使最粗心的殖民部都不可能在什么交换条件都没有的情况下放弃实质性内容。但这一争论的焦点使我们又回到什么是宗主权这一个学术问题上来了。德兰士瓦共和国承认英国对

---

① 威廉·约翰内斯·利兹（Willem Johannes Leyds，1859—1940），德兰士瓦共和国律师和政治家，曾担任检察长和国务卿。1898年到1902年，在第二次布尔战争的关键时期，他是德兰士瓦共和国驻布鲁塞尔的特使和全权代表，曾被派驻几个欧洲国家。——译者注

威廉·约翰内斯·利兹

其外交政策拥有否决权。其实,这一点就剥夺了德兰士瓦共和国作为主权国家的立场,除非德兰士瓦共和国公开撕毁协议。

这次讨论毫无紧迫感。在来回的声明和回复中,七个月过去了。之后才轮到讨论关键问题——外国人的不满和诉求。英国驻南非高级专员阿尔弗雷德·米尔纳爵士是一位由保守党政府任命的自由派政治人士,赢得了各方的尊重和信任。他是一个能干、清醒的人,处事公正,不会对任何不公之事放任不理。至此,事件处理权转交到他的手中。1899年5月31日,在奥兰治自由邦首府布隆方丹,保罗·克鲁格和阿尔弗雷德·米尔纳爵士举行会晤。

阿尔弗雷德·米尔纳

此次会议主要包含三个议题。其一，讨论违反《伦敦协定》的问题。这个问题在两国政府间引起诸多摩擦，十八年中曾三次将各邦国推至战争边缘。这些问题包括布尔人吞并土著领土、封锁河道浅滩阻碍贸易、宗主国问题、仲裁问题。其二，如何处理外国人的不满情绪，而这一问题在《伦敦协定》中并无规定。其三，探讨英裔印度人遭受不公正待遇的问题和其他产生纷争的问题。阿尔弗雷德·米尔纳爵士面临两种选择，要么就每个问题进行一轮轮的谈判——这是一个无休无止的过程，不一定有多少益处；要么提出一个触及问题根源的试探性问题并就此证明布尔人政府是否真正有意缓解紧张局势。他选择的是第二种方法。要试探的问题是外国人投票权。虽然之前外国人从来没有要求在德兰士瓦共和国政府中有足够的代表权,但如果能实现这一点,那么显而易见的是,外国人能逐渐解决各种对待他们不公正的问题。这样一来,英国政府就不用接过维护侨民的重担。然而,投票权问题导致会议无果而终。阿尔弗雷德·米尔纳爵士要求外国人居住满五年就能获得投票权,并且提前生效,同时要求设置保障矿区足够代表权的条款。保罗·克鲁格提议外国人居住满七年才能获得投票权,但加诸其上的限制条件让投票权形同鸡肋:成年男性中外国人占一半,但三十一个代表席位中只给外国人五个名额,并要求所有分歧应由外国仲裁。这一条款显然不适用于宗主国。这一提议将投票权居住期限从十四年减至七年,但附加条件让投票权的作用实际上变得不大,同时要求英国政府做出最重要的让步。显而易见,对于双方的提议,彼此都不能接受,1899年6月月初,阿尔弗雷德·米尔纳爵士回到开普敦,而保罗·克鲁格回到比勒陀利亚。除了让大家认识到实现解决方案的极端困难性,这次会议什么问题也没有解决。

1899年6月12日,在开普敦,阿尔弗雷德·米尔纳爵士接见代表团,向他们汇报了目前的形势。他说:"对南非而言,种族平等至关重要。一个存在不平等的国家会使其他国家处于狂热之中。我们的政策不是侵略,而是对这个国家怀有耐心,但这种耐心不等同于漠不关心。"1899年6月14日,保罗·克鲁格在议会发表讲话:"对方不愿做出一点让步,但我不能再后退。上帝一直站在我们这边。我不想要战争,但我不会再让步。虽然我们曾丧失独立,但上帝已将它交还给我们。"毫无疑问,他的话语诚恳,但令人难以接受的是居然理直气壮地搬出上帝来给这样的政府背书。他的政府鼓励走私酒类给土著,孕育了现代世界最腐败的一批官员。

阿尔弗雷德·米尔纳爵士即刻发表了自己对这次形势的看法,旨在让英国公众意识到,如果不采取任何行动,形势会何等严峻,国家应该认真采取措施拨乱反正。他说道:

> 干预之势势不可挡。我们曾经唯一的尝试就是放任自流,相信船到桥头自然直。但显而易见,在这种事不关己的政策实行几年之后,情况越

战前谈判漫画:阿尔弗雷德·米尔纳被保罗·克鲁格踩在地上

来越糟。说这是利恩德·斯塔尔·詹姆森突袭造成的并不正确。在利恩德·斯塔尔·詹姆森突袭之前,形势已经每况愈下。在利恩德·斯塔尔·詹姆森突袭之前,我们处于战争的边缘,而德兰士瓦共和国即将爆发革命。利恩德·斯塔尔·詹姆森突袭让我们放任自流的政策又延续了一段时间,但结果还是和之前一样。

数万英国人一直如农奴般苟活,不断被各种不公正折磨。他们向女王陛下求援,但徒劳无功。在女王陛下的领土上,这些行为不断破坏英国的影响力和声誉。除了德兰士瓦共和国的新闻报道,还有其他地方的报刊文章,都公开宣扬建立一个包括全部南非领土的共和国。他们的支持论据包括德兰士瓦共和国的武器装备,德兰士瓦共和国与奥兰治自由邦的结盟,以及如果爆发战争,南非能得到部分英国人的同情。我很遗憾地说,这一说法虽然建立在对女王陛下政府意图的不断恶意扭曲上,但对众多的荷兰殖民者产生了巨大影响。有些经常出现的说法似乎暗示，即使在南非，荷兰殖民者也比在英国出生的公民更有特权。如果数万倾向和平的南非英国人生活不受到打扰，那么他们会对现状非常满意。现在，他们都陷入愤懑中，当然也有对英国的不满。

我认为要阻止这种恶意的宣传报道，只能用确凿的证据表明，女王陛下的政府并不会从南非被驱逐。

这是英国代理领事向自己的同胞发出的严肃而慎重的警告。他虽然无法预计暴风雨的距离和程度，但看到了北方的乌云密布。

从1899年6月月底到1899年7月月初，荷兰开普殖民者的政治联盟——阿非利加人大会领袖进行了多次调解沟通。其一，他们作为布尔人的同胞；其二，他们是英国臣民，享受着英式自由制度。在开普殖民者的帮助下，英国希望这种制度也能扩展到德兰士瓦共和国。英国所有诉求都寄托在"己所欲，施于人"的祈祷中。虽然阿非利加人大会的扬·亨德里克·霍夫迈尔先生、艾伯塔斯·约翰内斯·赫霍尔特先生与奥兰治自由邦的亚伯拉罕·费舍尔①先生支持这个计划，并且这个计划被递交给议会并得到开普殖民地阿非利加人总理威廉·菲利普·施赖纳②先生的称赞，但这个计划没有任何实质性结果。从最初的计划来看，这些条款晦涩复杂，在不同条件下，获得投票权的居住年限从七年到九年不等。但在讨论中，条款不断被修改，投票权时间减至七年，金矿的代表权为五个席位。这并非大的让步。三十一个席位中只分给五个不能说是慷慨大方的条款，因为这五个人代表的是德兰士瓦共和国一半的成年男性。但在英国看来，减少居住年限限制是一个真正的让步。英国终于松了一口气。约瑟夫·张伯伦说："如果这个报告得到证实，那么保罗·克鲁格提议中的重大变化和之前的修正案让英国政府相信新的法律将为解决方案奠定基础，也符合阿尔弗雷德·米纳尔爵士在布隆

---

① 亚伯拉罕·费舍尔（Abraham Fischer, 1850—1913），南非政治家。他是南非奥兰治自由邦唯一一位总理，奥兰治自由邦后来并入新成立的南非联邦。——译者注
② 威廉·菲利普·施赖纳（William Philip Schreiner, 1857—1919），南非大律师、政治家。在第二次布尔战争期间担任开普殖民地总理。——译者注

亚伯拉罕·费舍尔（中）

威廉·菲利普·施赖纳

方丹会议上设置的框架。"同时,他补充提到令人不满的附加条款,但总结道:"女王陛下的政府确信保罗·克鲁格已经接受了其认定的原则。由于之前的计划阻碍全面实施目前的目标,保罗·克鲁格定将准备重新考虑他的计划细节,不允许这些目标的价值因任何其后的法律修改或行政行为而无效或打折扣。"与此同时,《泰晤士报》宣布危机即将结束,"如果开普的荷兰政治家说服他们在德兰士瓦共和国的同僚们通过这样一项法案,那么他们不仅应该得到其同胞和英国殖民者永远的感激,而且应该得到英国和文明世界永远的感激"。毫无疑问,接受危机结束的观点是决定性证据,恰好证明了英国人根本没有想过这场危机可能引发战争。

然而,这个看似美好的前景注定阴云密布。经过仔细研究,细枝末节的问题变成举足轻重的问题。通过过去的经验,英裔南非人和其他外国人知道保罗·克鲁格的承诺有多么虚无缥缈。他们坚持要求给出保证。保罗·克鲁格提出的居住七年获得投票权比阿尔弗雷德·米尔纳爵士要求的最低年限还多两年。虽然英国的代表觉得居住七年获得投票权是一种羞辱,但两年的差异不会影响他们接受这一条件。然而,作为一个精明的外交高手,保罗·克鲁格不断设置各种条件,导致双方之间产生不信任。条件之一,想成为本市市民的外国人必须提供相应时间的持续登记证明书,而德兰瓦士共和国登记制早已不再实行。这项规定可能导致整个法案毫无意义。这项规定既然精心设置,就肯定有用武之地。就像大门已打开,但一块巨石挡住了去路。外国人能否继续拥有市民权①再次取决于第一届人民议会的决议。不管矿工代表提出任何改革措施,由于在议会中占大多数,布尔人仅需用投票就可以毙掉法案,并且可以将矿工代表赶出议会。如果政府的一次投票就可以取消反对派的席位,那么反对派还有什么用?显而易见,英国政府必须十分谨慎地审阅这个方案的各种条款,然后才能将它作为最后的解决方案和对英国人正义的完全让步。实质上,英国并不愿意拒绝这些条款。这些条款为改善现状提供了希望。因此,英国建议两国政府各自派人

---

① 1881年《比勒陀利亚协定》签订的时候,外国人在南非居住一年可获得市民权。1882年,居住时限提升至五年。如果没有成为市民,就只能称为外国人或外侨。市民有投票权,可选举代表自己的议员。代表权指议会中的席位。——译者注

组成一个联合委员会,负责议案定稿前的审查工作。1899年8月7日,议案被提交至人民议会。之后,阿尔弗雷德·米尔纳爵士准备探讨其他问题,譬如"无外国势力干涉的仲裁"。

成立联合委员会的建议被批评为对一个国家内政的无理干涉,但整个问题本身从一开始就是一个国家的内部事务。只要南非存在一个种族想要统治另一个种族的现象,这里就永无宁日。要打比方也不是很恰当。想象一下如果德国干涉法国的投票权问题,法国会如何回应?假设法国国内的德国人与法国人一样多,如果他们受到不公正待遇,那么德国肯定会立刻干预,直到制定出公平的解决办法。事实上,德兰士瓦共和国的情况独一无二、前所未有,没有先例可以援引,但毋庸置疑的是,被课以重税的白种人应该获得相应的代表权。同情可能更加倾向于小国,但理性和正义定将站在英国这边。

约瑟夫·张伯伦的提议拖了很久,比勒陀利亚一直没有答复。但到处有证据表明,那些在利恩德·斯塔尔·詹姆森突袭之前就悄然进行的战争准备正迅速完善。对一个小国的军事装备而言,那些花费确实称得上巨额资金。一箱箱步枪和子弹不断运往军火库,有的从德拉戈湾上岸,有的从开普敦和伊丽莎白港

德拉戈湾

运来。这使英国殖民者义愤填膺。巨大的标有"农业设备"和"采矿机械"的箱子从德国和法国运送至约翰内斯堡或比勒陀利亚的堡垒中。单纯的英国人一直信任奥兰治自由邦的总统,将他视为调解和平的忠实的中间人。但早在1899年5月,这位总统就写信告知德兰士瓦共和国官员约翰内斯·赫曼努斯·格罗布勒要分走属于他的两千五百万发进口子弹。在布隆方丹会议两周后,正是这位总统成了双方的调解员。

  三年来,德兰士瓦共和国严阵以待,进口大量现代步枪。德兰士瓦共和国平均每个男性市民能得到五把枪。子弹的进口数量极其巨大。大量的武器装备是为了什么?显然是为了与英国作战,并且不是防御性战争。防御性战争不需要国家提供足够的枪支武装南非所有的荷兰人。在德兰士瓦共和国做军事准备的那些年里,英国没有派遣增援部队。这一不争的事实可完全证明哪一方发动了战争,哪一方希望避免战争。在保罗·克鲁格沉默的三个多星期中,备战工作变得更积极、更公开。

  除了备战,还有一个更重要的事实。它支配着局势,同时遏制着危机的发展。如果没有马,市民就无法参战,而马没有草就不能奔跑,草地没有雨就不能生长,但当时离雨季还有数个星期。因此,当草原还是一片尘土飞扬的赤色平原时,谈判不能过于匆忙。约瑟夫·张伯伦和英国公众一周周地等待答复,但他们耐心有限。1899年8月26日,约瑟夫·张伯伦发表了一篇意思清楚的讲话,在外交上并不常见但非常受欢迎。他说:"沙漏里的沙子在一点点流淌,如果过了时间期限,我们之前提出的条件即失去约束我们的效力。我们要将事情牢牢握在手中,确保在南非创造条件,一劳永逸地建立绝对权利,确保我们的南非同胞获得保罗·克鲁格总统在女王陛下授予德兰士瓦共和国独立时所承诺的所有平等权利和法律上应给予的最起码的权利。"不久之前,第三代索尔兹伯里侯爵罗伯特·阿瑟·塔尔博特·加斯科因-塞西尔[1]同样强调:"这个国家没人希望破坏协定,只要他们认识到既要保证德兰士瓦共和国的独立性,也要保证所有国籍

---

[1] 第三代索尔兹伯里侯爵罗伯特·阿瑟·塔尔博特·加斯科因-塞西尔(Robert Arthur Talbot Gascoyne-Cecil 3rd Marquess of Salisbury, 1830—1903),英国保守党政治家,曾三次出任首相,任相时间总计十三年。——译者注

罗伯特·阿瑟·塔尔博特·加斯科因-塞西尔

的定居者享有平等的政治和公民权利。但与玛代人或波斯人的法律不同,这两个协定不是永恒的,可以被摧毁……一旦被摧毁,就无法以同样的形式重建。"长久以来,英国人的耐心渐渐消耗殆尽。

与此同时,老总统保罗·克鲁格和顾问——如果总统有顾问的话——也面临着巨大压力,迫使他接受英国提出的联合调查委员会的建议。第一代德维利尔斯男爵约翰·亨利·德维利尔斯①代表开普阿非利卡人的最高民意,措词强烈地请求实现和平,敦促奥兰治自由邦的亚伯拉罕·费舍尔先生努力为谈判营造

---

① 第一代德维利尔斯男爵约翰·亨利·德维利尔斯(John Henry de Villiers 1st Baron de Villiers, 1842—1914),开普殖民地律师和法官。曾任开普殖民地总检察官、首席大法官,后来成为南非联邦的第一任首席大法官。——译者注

更友好的氛围。"努力说服保罗·克鲁格总统在友好的氛围中会晤约瑟夫·张伯伦先生，消除多年来困扰这个不幸国家的动乱原因。"欧洲也传来类似的建议。荷兰官员的电报如下：

  1899年8月4日——我收到了德兰士瓦共和国部长发来的英国提出的联合委员会提案，我秘密与保罗·克鲁格总统通信，建议保罗·克鲁格总统从国家的利益出发考虑问题，不要断然拒绝这一提议。
  1899年8月15日——请秘密告知保罗·克鲁格总统，德国政府完全赞同我在1899年8月4日信中所表达的意见，即不要拒绝英国的提议。德国政府和我一样，坚信在关键时期，招惹这样的强国都不会有任何结果，会使德兰士瓦共和国处于危险之中。

然而，无论是保罗·克鲁格的阿非利卡兄弟，还是国外朋友，都不能让这个倔强的老人动摇自己的决定，偏离既定道路。事实上，对于自己提出的投票权议案经不起考验，他心知肚明。用一位著名律师的话来说，不管保罗·克鲁格"提出的获得投票权最低居住年限是七年还是七十年，结果都一样"，因为他的附加条件既复杂又不现实。这样的投票权形同虚设。保罗·克鲁格沉默许久。当他开口时，谈判已经进入新阶段，而这时他的弹药还没有到位，他的步枪也还没有完全分发，草原上还没长出草来。谈判戏码还得持续几个月。亨利·杜·普雷·拉布谢尔先生曾对蒙塔古·怀特先生说："你们真是争取时间的高手。"随后保罗·克鲁格的做法也证实了这一点。

1899年8月12日，保罗·克鲁格提出新建议。联合委员会暂时搁置，德兰士瓦共和国政府同意阿尔弗雷德·米尔纳爵士的投票权提案，条件是英国政府撤回或取消宗主权，同意英国南非联合特别法庭进行仲裁，承诺永不干涉德兰士瓦共和国内政。对此，英国回应称同意仲裁要求，希望永远不再有机会为了保护自己的人民而干涉德兰士瓦共和国内政，但一旦有了投票权，干涉的前提就不复存在。最终，维多利亚女王不同意放弃宗主国地位。约瑟夫·张伯伦的报告提醒

亨利·杜·普雷·拉布谢尔的漫画形象

德兰士瓦共和国政府,除了投票权,两国政府之间还有其他争议问题,最好一并解决。这些问题包括土著民族地位与英裔印度人的待遇问题。

一时和平的曙光似乎出现了。英国和德兰士瓦共和国并无太大分歧,如果真心实意进行谈判却不能达成一致,会令人难以置信。然而,当时德兰士瓦共和国获得奥兰治自由邦的联盟承诺,认为殖民地叛乱的时机已经成熟。有了六万骑兵和一百门大炮的德兰士瓦共和国坚信自己拥有非洲最强大的军事力量。只有认识到谈判本来就没有可能成功,并且在谈判过程中,无心达成协议的一方一直秘密备战,我们才能真正理解这次谈判。作为一位友好的评论家,第一代德维利尔斯男爵约翰·亨利·德维利尔斯谈到德兰士瓦共和国政府时说:"在整个谈判过程中,他们一直躲躲闪闪,不愿做出明确清楚的决定。"显然,事情的后续发展解释了德兰士瓦共和国这样做的原因。德兰士瓦共和国的军事实力比政治手腕更强大。德兰士瓦共和国打算用武力来说话。如果谈判进入和平解决方案唾手可得的阶段,使用武力就会显得毫无道理。如果谈判是为了妥协,那么多步枪和大炮又有什么用呢?皮特·耶利米·布雷涅恩特写道:"我们唯一害怕的是约瑟夫·张伯伦反复无常,哄骗我们不再开战。让我们没有机会吞并开普殖

皮特·耶利米·布雷涅恩特

民地和纳塔尔形成南非合众共和国。"这种想法也许是合理合法的国家宏愿，但与真正的和平谈判格格不入。

这时，战机已经成熟。整个形势急转直下。1899年9月2日，英国收到德兰士瓦共和国政府简短而坚决的答复，他们撤回投票权提议，重申不存在宗主权。谈判就此陷入僵局，很难再次重启。由于德兰士瓦共和国开始武装市民，纳塔尔为数不多的守备部队在边界布哨，做好防御。德兰士瓦共和国要求纳塔尔解释布置兵力的原因。阿尔弗雷德·米尔纳爵士回答道，他们在保卫英国的利益，准备随时应对突发事件。瀑布的轰鸣声近在咫尺且愈加响亮。

1899年9月8日，英国举行近年来最重要的一次内阁会议。战争迫在眉睫。一方面，在非洲驻守的英军数量不多，但英军不能任由强大的布尔人部队随时宰割。另一方面，英军也不能显出有威胁性或诉诸武力的打算。因此，英国派出的增援部队规模不大，这表明英国的目的在于防御并非进攻。五千人从印度被派往纳塔尔。英国加强了开普的守备部队兵力。

在英国采取这些防御措施的同时，消息传到比勒陀利亚。即使是德兰士瓦共和国政府的反对者也承认，英国的增兵比较温和，为和平方案提供了基础。英国首先断然否定德兰士瓦共和国是像奥兰治自由邦一样的主权国家。任何提案如果包括这一条均不能接受。德兰士瓦共和国的地位是由两国政府签署的协定所确定的，没有任何事情导致英国默许它产生根本改变。

然而，英国政府准备接受1899年8月19日照会中提出的居住五年获得投票权，同时认为每个议员都可使用自己的语言。

> 接受德兰士瓦共和国提出的条款可立即缓解两国政府之间的紧张关系，也可一劳永逸地避免以后出现为解决对待外国人不公正事件而进行干预的情况，因为外国人可将不公正待遇提请执行理事会和人民议会审议。
>
> 女王陛下的政府一直关注目前的紧张局势对南非利益造成的巨大损害，如果不解决、不断拖延，则危害极大。英国迫切要求立即明确答复现

提案。如同意提案，英国将准备立即作出安排……解决提出仲裁法庭的细节问题……但如果事与愿违，德兰士瓦共和国的答复为否定或不确定。在此，我恳请女王陛下政府必须保留重新考虑局势的权利，制定自己的最终解决方案。

这封信温和、谦恭，得到不同派别报刊和政客的一致赞同。政客们希望这封信得到相应的回复，缓解两国紧张局势。英国政府政策的所有坚定反对者，譬如约翰·莫利先生、伦纳德·考特尼先生和《每日纪事报》均认为这封信传递出和平的信息，对此十分满意。但在当时，除了英国方面彻底投降，没有什么能使布尔人满意。他们对自己的军事实力过分自信，觉得英国的军事实力不值一提。在欧洲大陆，人们一般称英国为狼，称德兰士瓦共和国为羔羊。在比勒陀利亚，这样的说法只能引起一片嘲笑。德兰士瓦共和国市民根本没有想过做出让步。他们知道自己的实力，有理由认为他们在当时的南非拥有最强大的军事实力。一位知名公民说："我们之前曾经打败过英国军队，但如果这次打起来，我们要痛击英国军队。"第一代德维利尔斯男爵约翰·亨利·德维利尔斯评论道："弗朗西斯·威廉·赖茨似乎将整件事当作一个大玩笑。"德兰士瓦共和国首席大法官对一位英国牧师说："你有必要走吗？两周后战争就结束。我们会占领金伯利和马弗京，痛击纳塔尔的英军，然后英国就会求和。"就是这种异想天开让布尔人将和平的橄榄枝抛在一旁。

1899年9月18日，在伦敦，德兰士瓦共和国政府对英国内阁会议提案的答复被公布。德兰士瓦共和国政府以毫不妥协的态度回绝了英国所有提议。对于英国提出的五年投票权和其他给外国人公正待遇的最低要求，德兰士瓦共和国政府全部拒绝提请人民议会讨论。至于之前提出的议会辩论应用双语进行——就像开普殖民地和加拿大一样，同样被搁置。在最后一封信中，英国政府表示，如果德兰士瓦共和国的答复为否定或模棱两可，英国将保留"重新考虑局势的权利，制定自己的最终解决方案"。而这时的回复既是否定的又是模棱两可的。1899年9月22日，英国内阁会议开会讨论如何回应德兰士瓦共和国。内阁会议的回应简短而坚定，但没有关上和平之门。对于上一封信中提出的温和议案被否决，英国政府表示深深的遗憾。现在，根据英国的承诺，德兰士瓦共和国将很快提出解决方案。这一决议不是最后通牒，但为未来的最后通牒埋下了伏笔。

与此同时，1899年9月21日，奥兰治自由邦议会召开会议。英国尊重奥兰治自由邦。双方友谊深厚，从未有过冲突。然而，越来越明显的是，奥兰治自由邦打算站到反对英国的一方。不久之前，奥兰治自由邦和德兰士瓦共和国缔结了攻守同盟，但对于较小的国家奥兰治自由邦来说，两国联盟似乎是一种极其轻率且无利可图的交易，直到秘密事件被史书曝光。奥兰治自由邦并不害怕英国。英国自愿将奥兰治自由邦变成独立共和国，与它和睦相处达四十年。奥兰治自由邦的法律和英国的一样自由。然而，通过这一自杀式联盟，奥兰治自由邦将自己的命运和德兰士瓦共和国绑在一起。德兰士瓦共和国以一贯的敌对态度故意挑起战争。它的反动和狭隘的法律将会使它渐渐失去进步邻国的同情。在明智和经验丰富的奥兰治自由邦总统约翰内斯·布兰德领导的时代，事态的发展趋势清晰可见。保罗·博塔是殖民地开拓者，是典型的布尔人。他说：

> 约翰内斯·布兰德总统清楚地看到了我们的政策应该是什么样子。他总是避免冒犯德兰士瓦共和国，但他爱奥兰治自由邦及其具有的独立性。奥兰治自由邦不是德兰士瓦共和国的附属。约翰内斯·布兰德总统总是努力维持与英国的友谊，从而保证自己国家的独立性。
>
> 约翰内斯·布兰德总统意识到，在保罗·克鲁格挑衅政策的带领下，与动荡不安、误入歧途的德兰士瓦共和国结盟定将导致与英国的灾难性战争。
>
> 我也强烈感受到这一点，一直努力避免强化结盟。我记得我在人民议会中说过类似观点，"愿上帝允许我在所惧之事上是错误的，因为如果我是正确的，那么奥兰治自由邦将会遭受灾祸"。

很明显，如果奥兰治自由邦要仓促地走向毁灭，就不会想要明智的声音引

约翰·莫利

伦纳德·考特尼

弗朗西斯・威廉・赖茨

约翰内斯·布兰德

领它走上更安全的路。但奥兰治自由邦对英国和德兰士瓦共和国的实力出现误判,对南非未来的命运也抱着不切实际的幻想。不管未来如何演变,与当时作为一个完全独立自由的共和国相比,奥兰治自由邦不会变得更好。然而,这个国家被受人资助的报纸和非基督教讲坛传播的种族偏见所左右。保罗·博塔说:"当我意识到讲坛滥用它的影响力时,我的愤慨无法言说。上帝的话被玷污了。一个有宗教信仰的民族却因其信仰而毁灭。上帝的一位牧师对我说,他必须宣扬反英主义,否则他就会失去当权者的青睐。"正是这种影响促使奥兰治自由邦签订疯狂的联盟条约,迫使自己拿起武器反对一个从未伤害过它的国家。

奥兰治自由邦总统马丁努斯·特尼斯·斯泰恩在议会上的语气,以及他从大多数市民那里得到的支持,都清楚地表明奥兰治自由邦将和德兰士瓦共和国

马丁努斯·特尼斯·斯泰恩

共进退。在他的致辞中，马丁努斯·特尼斯·斯泰恩坚决反对英国的主张，宣称奥兰治自由邦与德兰士瓦共和国有亲密联系。这时，英国政府不得不采取军事预防措施。其中之一就是派小规模部队保护位于德兰士瓦共和国边境外从金伯利到罗得西亚的铁路。阿尔弗雷德·米尔纳爵士与马丁努斯·特尼斯·斯泰恩就这一部队调动进行了沟通，指出这绝不是针对奥兰治自由邦。阿尔弗雷德·米尔纳爵士补充道，英国仍然希望与德兰士瓦共和国达成和解，但如果这种希望落空，那么英国希望奥兰治自由邦严格保持中立，阻止任何力量进行军事干预。英国承诺，在这种情况下，英国将严格维护奥兰治自由邦边界的完整。最后，阿尔弗雷德·米尔纳爵士称这次行动绝不会破坏奥兰治自由邦与英国之间的良好关系，因为英国对奥兰治自由邦抱有最大的善意。对此，马丁努斯·特尼斯·斯泰恩的回复稍显无礼。大意是他不赞成英国对德兰士瓦共和国的行动，对这次部队调遣深表遗憾，认为这对奥兰治自由邦市民构成威胁。奥兰治自由邦议会在随后的一份决议的结尾中提到："无论如何，根据两个共和国之间的政治联盟，奥兰治自由邦将忠诚地履行对德兰士瓦共和国的义务"。这说明，虽然英国从未与奥兰治自由邦有过冲突，但这个由英国建立起来的自由邦将不可避免地卷入旋涡中。

  与此同时，双方都在进行军事准备。英国的军事准备相对温和，而布尔人则进入大规模备战当中。

  1899年8月15日，谈判进入非常重要的阶段。在布隆方丹会议失败及阿尔弗雷德·米尔纳爵士写信沟通后，在南非，英国部队的数量完全不足以保卫边境。尽管各种证据确凿，但还有人认为英国是执意开战的一方。英军的数量问题能使他们看清真正的现实。发动战争的政治家通常会为战争做准备，保罗·克鲁格便是这样，而英国当局则不是。当时，德兰士瓦共和国的宗主国英国的军队分散在广阔的疆域。这些军队包括两个骑兵团、三个野战炮兵连、六个半步兵营，一共才六千人左右。而无辜的游牧国家——德兰士瓦共和国在战场投放超过五万步枪骑兵，使军队机动性增加一倍。此外，还有优秀的炮兵部队，拥有当时战场上能见到的威力最大的重型大炮。这时，人们就能看出，布尔人可以轻而易举地占

在南非的印度担架队士兵

领德班或开普敦。一直进行防御的英军可能会被蒙蔽，随后被击败，而布尔人的主力部队只会遇到零星的抵抗，但这种抵抗可以被荷兰殖民者的冷漠或敌意抵消。令人惊讶的是，英国当局似乎从未考虑过布尔人采取主动进攻的可能性，也从未意识到英国姗姗来迟的增援部队肯定会在德兰士瓦共和国的炮火下登陆。英国的不作为导致了巨大的军事风险，但至少向那些并非视而不见的人清楚地表明，英国从未想过或希望通过武力来解决问题。

由于殖民地官员的抗议，纳塔尔的驻军逐渐增加。其中一部分来自欧洲，另一部分是来自印度的五千名英军。1899年9月下旬，他们到达南非。南非英军人数增加到两万两千人。虽然这个数量还不足以在开阔地带与人数众多、机动性强、勇敢的布尔人对抗，但事实证明它足够强大，可以避免一场毁灭性的灾难。现在，更全面了解情况后，我们已经看到灾难迫在眉睫。

1899年9月8日，英国内阁发出消息。几周后，英国面临的军事形势已不再绝望，但仍然很危险。当时，南非正规英国部队两万两千士兵希望能得到一万殖民地部队的增援，但殖民地部队必须要保护广阔的疆界。开普殖民地绝不全心全意对待英国，可能会变成敌对的一方，而黑人也可能站在英国的对立面。只有一半正规军可以用来保卫纳塔尔。如果战争爆发，它们需要一个月时间等来增援。如果约瑟夫·张伯伦真的是在玩虚张声势的把戏，那么我们必须承认，他手上的牌实在太弱了。

为了便于比较，我们可以了解一下保罗·克鲁格和马丁努斯·特尼斯·斯泰恩的两个国家在战场上的实力。报纸估计两个共和国的部队总人数从两万五千到三万五千不等。保罗·克鲁格的朋友J.B.罗宾逊一辈子都在跟布尔人打交道。

布尔士兵

J.B.罗宾逊认为三万五千人这个估计过高。首先，这个估计没有确定人口基数。布尔人居住分散，并且大多数是大家庭模式，彼此接触不多。因此，人们很难估算他们的具体人口数量。有人根据十八年的人口自然增长数计算，但当时给的数字本身就是假设的数值；有人则根据上次总统选举中的选民人数来计算，但弃权人数无法确定，并且两个共和国的最低入伍年龄要比投票最低年龄小五岁。现在，我们已经知道，所有估计的对手数量都远低于真实数字。然而，英国情报部提供的信息与实际情况相差不大。在这场严峻的考验中，最终英国军方只有情报部损失较少。情报部战前所做的全部报告，无论是基于事实还是基于预测，都如预言般准确。

根据英国情报部的数据，仅德兰士瓦共和国的兵力就达到三万二千人，而奥兰治自由邦的兵力是二万二千。加上来自殖民地的雇佣兵和叛乱分子，布尔人军队的人数达到六万人。开普荷兰人的大量加入将使战斗人员的数量达到十万。我们现在俘虏的男性布尔囚犯达到四万二千人，如果算上死亡的一万人和一万市民，那么不包括大量开普叛军，布尔人军队人数达到六万二千人。无需过度担心这支庞大军队的战斗力。布尔人勇敢、顽强，有着奇怪的宗教热情。除了手中的步枪，他们倒像是从17世纪穿越而来的人。他们骑着强壮的马，其机动性相当于将兵力增加了近一倍。同时，他们的对手不能从侧面包抄他们。布尔人都是神枪手。除此之外，布尔人的优势在于能通过更短、更安全的通信方式在内部进行沟通。我们可以想象英国士兵任务的艰巨程度。当我们不再细想对手的人数，转而想想一万两千人分成两个支队守卫纳塔尔，再想想前来进攻的对手数量，也许我们能意识到不需要为所受之灾祸而悲叹，而应该庆幸没有失去位于英国、印度、澳大利亚之间的纳塔尔。纳塔尔一直被视为英国"拱顶"的拱心石，在地理位置上起到联结英国、印度、澳大利亚的作用。

但人们必须再次思考，面对这些数字，是否还有理由相信英国企图以武力剥夺各个共和国的独立呢？

1899年9月16日，德兰士瓦共和国拒绝了英国1899年9月8日的提案。从此，两国的交流停滞不前。在非洲，所有对和平的希望或恐惧都已结束。在议会解散后，老总统保罗·克鲁格提到，战争是肯定的。他严肃地祈求上帝作为最后的仲裁者。英国虽然不再莽撞，但强烈表示要将这次争论交给上帝裁决。

1899年10月2日，马丁努斯·特尼斯·斯泰恩告知阿尔弗雷德·米尔纳爵士，他认为有必要召集奥兰治自由邦市民，意在动员奥兰治自由邦军队。阿尔弗雷德·米尔纳爵士回信称对备战工作表示遗憾，并宣称他并没有对和平感到绝望，因为他坚信任何合理的提案都会得到维多利亚女王陛下政府的考虑。马丁努斯·特尼斯·斯泰恩的回答是，除非英国增援部队停止进入南非，否则谈判毫无意义。由于英军人数仍然较少，因此不可能停止增援。这次沟通没有任何结果。1899年10月7日，英国召集第一军团预备队。其他迹象也均表明英国决定向南非派大规模部队。英国同时召开了议会，以便让悬而未决的问题获得国家正式批准。

有人说英国召集预备军人的行动招来了布尔人最后的通牒，从而引发战争。这种说法根本是本末倒置，极其荒谬。1899年9月27日，德兰士瓦共和国突击队进行动员。1899年10月2日，奥兰治自由邦的突击队进行动员。铁路被接管。人们开始逃离约翰内斯堡。有人拦停火车；收缴车中黄金。这些才是真正的战争行为。而英国是在所有这一切发生之后才行动的，因此，英国召集预备军人的行动并不可能是导火索。看到这种征兆，任何政府都不可能再拖延为应对关键情况所需要采取的军事准备。事实上，在英国召集预备队之前，布尔人的最后通牒就准备好了，之所以后来才发出，是因为关于战争的细枝末节还未完全就绪。

1899年10月9日，布尔人出人意料地发出最后通牒，迫使英国殖民部不能再从容不迫。我们必须承认，迄今为止，无论是在智力较量还是武器较量上，被嘲笑的对象永远是头脑简单、生活惬意的南非各国。这次的情况也一样。最后通牒简单明了，但提出的条件让人无法接受，显然是为了开战而精心设计的。布尔人的最后通牒要求英国立即撤回德兰士瓦共和国边界上的部队，1898年内抵达南非的所有增援部队立即离开，还在海上的增援部队也立即掉头返回、不能登陆。如果在四十八个小时内没有得到满意答复，"德兰士瓦共和国政府将非常遗憾地认为，女王陛下政府的行动是正式宣战，后果自负"。这封大胆的电报激起

整个英国的嘲笑与愤怒。1899年10月10日,通过阿尔弗雷德·米尔纳爵士,英国政府作出回应:

> 1899年10月10日,女王陛下政府遗憾地收到了德兰士瓦共和国政府1899年10月9日电报中提出的傲慢无礼的要求。作为答复,女王陛下政府认为无法与德兰士瓦共和国政府讨论其所要求的条件。

第4章

关于冲突要点的探讨

精彩看点

"约瑟夫·张伯伦亲自参与利恩德·斯塔尔·詹姆森突袭事件"——"资本家的战争"——"英国想要金矿"——战争的巨大开支——君主立宪制与共和国制的对抗——寡头政治——"强国欺负弱国"——"英国人拒绝仲裁"——仲裁问题的范围——"复仇"——保罗·博塔——克鲁格主义——弗朗西斯·威廉·赖茨

本章讨论战争爆发前的谈判趋势和引发战争的一系列事件。根据不同主题，我尽可能用较短篇幅探讨英国政府所遭受的各种批评，以及人们提出的五花八门的破坏性理论和可能的行动路线。每一条都点到即止，不做深入论述。

说法一：约瑟夫·张伯伦亲自参与了利恩德·斯塔尔·詹姆森突袭事件。由于突袭失败，为了报复，英国发动战争。或者约瑟夫·张伯伦受塞西尔·罗德控制，发动战争。

在前文，我已论证过这个约瑟夫·张伯伦知道突袭者计划的说法。这个说法站不住脚。如果说约瑟夫·张伯伦知道绝望的外国人可能生乱，那么这个说法倒没错。他的责任在于尽可能了解所有事态发展，并和其他英国人一样同情自己遭受不公正待遇的同胞。但如果说他认为仅仅十几名警察就能入侵德兰士瓦共和国，那么这种说法显然是荒谬的。如果他这样做了，为什么又要立即采取最强硬的措施阻止入侵行动呢？他没有参与的事怎么阻止？如果知道自己受到塞西尔·罗德的控制，他怎么敢如此激烈地反对塞西尔·罗德的得意之举？

批评者如果能抛弃偏见，就能非常清楚地看出之前证明约瑟夫·张伯伦曾参与利恩德·斯塔尔·詹姆森突袭事件的许多事实和电报恰好说明他的完全独立性。因此，当塞西尔·罗德或弗雷德里克·鲁瑟福德·哈里斯以塞西尔·罗德的名义发电报说"告知约瑟夫·张伯伦，如果他愿意支持我，我将全身而退，但

亨利·查尔斯·基思·佩蒂－菲茨莫里斯

他不能像给高级专员发电报那样发消息了。除非你能让约瑟夫·张伯伦指示高级专员立即前往约翰内斯堡，否则整个形势就会失控"时，这难道还不明显？他们彼此之间并没有达成一致，只是阴谋论者试图陷害殖民部大臣约瑟夫·张伯伦。批评家们再次强调，经过一番讨价还价，约瑟夫·张伯伦将南非的一片土地以二十万英镑卖给不列颠南非公司。当然，这样颠倒黑白的说法也无法站住脚。如果约瑟夫·张伯伦知道或同意利恩德·斯塔尔·詹姆森突袭计划，就应该轻易地将土地出让给对方，而不会在这笔交易上设置重重障碍。假设约瑟夫·张伯伦是塞西尔·罗德宣战的工具，那么前提必须是约瑟夫·张伯伦可以确保将他的意志强加于内阁大臣，包括第三代索尔兹伯里侯爵罗伯特·阿瑟·塔尔博特·加斯科因－塞西尔、第五代兰斯多恩侯爵亨利·查尔斯·基思·佩蒂－菲茨莫里斯、阿瑟·贝尔福、希克斯·比奇及其他大臣。想想就知道，这种假设荒诞无稽，没有任何讨论的意义。

说法二：这是一场由企业和犹太人共同策划的资本家的战争。在詹姆森突袭后，大部分公众持这个观点，而在很大程度上，该观点让英国政府束手束脚，未能采取强硬立场阻止布尔人为了对付英国而进行的大规模军事准备。完全破除这种观点需要多年的时间。在这场长期的消耗战中，南非这片土地上几乎每个英国家庭都失去过家人或朋友，但英国人表现出极大的耐心和毅力。可见这种想法对公众影响之深。英国公众对资本家的偏好只不过是给了资本家严格法律约束下的权利，但并不意味着民众为了支持他们可以抛头颅洒热血，或者倾囊相授。这样的假设十分荒谬，也没有理由解释为什么像诸位内阁大臣这样高尚而可敬的英国绅士会为了某些国际金融家而出卖自己的国家，而这些金融家大多数是德国犹太人。为了支付战争费用，最后还得向德兰士瓦金矿业征税，这说明经营金矿的资本家在国家议会中没有什么发言权。现在我们知道，约翰内斯堡的主要资本家一直积极抵制可能引发战争的一切骚乱。如果考虑到资本家的风险与战争可能给他们带来的损失，自然可以理解资本家的这种做法。由穷人、雇员、矿工发起的争取选举权和其他权利的运动是真正为自由而战的运动。这些人生活在南非，而不是伦敦市中心的帕克巷。资本家是最后一批被卷入这场运动的人。当我说资本家时，我是指得到英国同情的资本家。如果认为这场战争是一场资本家的战争，证据确实很多。因为这场战争的主要起因是南非荷兰公司的反英态度和建议、炸药垄断及其他榨干这个国家的吸血鬼。对资本家而言，自由且诚实的政府意味着毁灭。他们竭尽全力，甚至不惜收买虚假的英国煽动者以阻碍改革的进程。毫无疑问，资本家的态度与布尔人如出一辙，因此阻碍了让步。

说法三：英国想要金矿。在非洲大陆，这种说法最普遍也最有说服力。然而，当细细研究这一说法时，我们就会发现它荒谬无比。金矿由私营企业经营。股份由德国、法国、英国的私人股东持有。无论德兰士瓦共和国上空飘扬的是英国国旗还是布尔人的国旗，都既不会使持股者减少股份，也不会让英国增加

阿瑟·贝尔福

希克斯·比奇

任何财富。战争的巨大开支会反而让英国损失惨重。对金矿征税顶多能弥补战争支出的三分之一。除了金矿对战争的有限贡献,英国占领德兰士瓦共和国付出的代价根本不可能让英国拥有更多财富。与所有英国殖民地一样,德兰士瓦共和国将成为自治殖民地,有自己的财政部长,自己的预算、税收,甚至拥有对英国商品征收关税的权力。德兰士瓦共和国给英国总督支付一万英镑的薪水,但总督的花费可达一万五千英镑。我们知道这一切是因为这是英国体系的一部分,但对于将殖民地视为母国直接收入来源的国家来说,它们并不了解。在欧洲大陆上关于布尔战争的评论中,这是最普遍但最站不住脚的说法。第二次布尔战争是第一次布尔战争的必然结果,而第一次布尔战争发生在发现黄金之前。

说法四:君主立宪制和共和国制的对抗。毫无疑问,这一论点对美国、法国、瑞士等真正的共和国有影响。如果不了解事实的真相,这些共和国的人民往往会被事物的表象蒙骗。事实上,英国及其所辖殖民地是世界上最民主的地方之一。一般保留世袭首领。部分出于情感,部分是为了政治上的便利。但人民的意志对所有问题都是决定性的。每个人都可以通过投票来帮助塑造国家命运。一方面,实际上,英国早有普选权。只要有能力,任何参与选举的公民均有可能担任国家职务。另一方面,德兰士瓦共和国是寡头政治,不是民主国家。占国家人口一半的族群认为自己高高在上,完全践踏另一半人的自由尊严。这种情况与18世纪的爱尔兰如出一辙。从体制上讲,一个是共和制政体,一个是君主制政体。但事实上,君主制政体代表着自由,而共和制政体代表暴政、种族特权、腐败、有纳税无代表及所有与广泛的自由概念完全相背的理念。

说法五:强国欺负弱国。这种符合人类情感与狩猎本能的说法一直很有号召力,但在这种情况下不适用。备战、最后通牒、入侵与第一次流血事件都源于这个从结果看是弱国的国家。这个小国之所以敢如此胆大妄为采取主动进攻的方式,是因为它知道在南非自己的势力比较强大。所有情报使它相信,即使英国军队倾巢而出,其军队也能与之抗衡。当时,这种想法似乎合情合理。欧洲大陆的军事评论家称英国可以从外部调动十万兵力投入战场。如果开普无人起义,那英国只需调动五万人至六万人。遗憾的是,布尔人的战斗史使他们轻信自己的骑兵部队。在德兰士瓦共和国，骑兵部队占尽天时地利。作战能力远远超过同等数量的英军。布尔人也知道自己的炮兵火力强，备战充分。从他们的往来信件中，我们可以看出他们对成功的信心。先是皮特·耶利米·布雷涅恩特计划将英国军队一举歼灭，后来埃瓦尔德·奥古斯特·埃塞伦放言不打到海边绝不洗脸。然而，他们没有预见，或者说没有准备好应对的是，整个英国掀起一股愤怒的舆论浪潮，使英军兵力增加至原来的三倍，如果需要的话，甚至可能会增加至十倍。结果，英国毫不费力地击败了布尔人的抵抗。从宣战到战争爆发后的很长一段时间内，布尔人处于优势，而英国处于劣势。英国如果还对布尔人怀有同情心，就显然用错对象了。从那时起，这场战争走上应有的轨道，而英国人别无选择，只能一战到底。

埃瓦尔德·奥古斯特·埃塞伦

说法六：英国人拒绝仲裁。这种说法一再出现，没完没了，但指控经不起调查。在设立英国与南非特别法庭之前，凡是可以通过仲裁解决的问题，英国都会以仲裁解决。仲裁法庭的法官并不完全是支持哪一方的法官。双方都需要持有温和、谨慎看法的法官。譬如英国人中的罗斯·英尼斯与同情阿非利卡人的亨利·德维利尔斯爵士。德兰士瓦共和国政府和英国政府都认为仲裁法庭能解决问题，但英国政府希望有些问题不通过仲裁解决，而在这一点上，两国政府不能达成一致。

英国想将外国排除在仲裁庭之外的原因是，如果允许外国势力参与，那就相当于不等上庭就放弃了案子。德兰士瓦共和国称自己是拥有独立主权的国家，而英国对此予以否认。在一个国家对国家的法庭上，德兰士瓦共和国如果能以独立国家身份的提起仲裁，就已经成为事实国家。因此，英国拒绝成立这样的法庭。

虽然后来双方都接受了仲裁法庭，但当时为什么不能将所有问题都提交至这样的法庭呢？答案是，如果你事先就知道这样的法庭根本无法裁决这种性质的案件，却还将案件提交仲裁法庭，那么这其实是一种可怕的虚伪行径。引用阿尔弗雷德·米尔纳爵士的话，"有些问题如果提交仲裁法庭显然是完全荒谬的，如德兰士瓦共和国是否应该公正对待本国的英国居民，或即使不提宗主权问题，是否该本着友好的关系尊重英国政府。广泛的政策问题像国家荣誉问题一样，无法进行仲裁"。

关于仲裁问题的范围一事，德兰士瓦共和国领导人似乎与英国人意见一致。因此，将限制仲裁问题的责任只归咎于一方显然是不正确的。

1899年6月9日制定的仲裁计划中，弗朗西斯·威廉·赖茨明确规定"各方有权保留和排除在其看来太重要而无法提交至仲裁的问题"。对此，英国政府表示同意，并进一步做出让步，即不应将奥兰治自由邦人视为外国人。在德兰士瓦共和国发出最后通牒时，事情就处于这样一种状态。在第一枪打响之前，英国政府提出的仲裁方案是唯一可行的，而英国也不会放弃讨论其中的问题。然而，同意成立这样的法庭后，德兰士瓦共和国突然变卦，通过长枪大炮来解决问题。

说法七：英国为马尤巴山战役大败复仇。毫无疑问，在马尤巴山战役中，英国留下太多伤痛。随着布尔人掌握权力，再到后来布尔人展现出的态度，这种伤痛并没有消除。詹姆斯·布莱斯和其他友好的观察家证实，在马尤巴山战役中大败后，英国所做的一切不是大度地改正错误，而是出于怯懦和恐惧。从战争一开始，英国士兵就有一种强烈的愿望，即为马尤巴山战役的大败复仇。在马尤巴山大败周年纪念日，皮特·克龙涅和他率领的四千士兵举白旗投降时，英军士兵终于大仇得报，一定十分高兴。但事实上，马尤巴山大败已经过去了十八年。说为了马尤巴山大败而影响国家政策显然站不住脚。在那段时间里，布尔人一次又一次地扩大边界，违反协约规定。这样的行为接二连三出现肯定会导致战争爆发，但两国还是保持和平状态。在布尔人将国家变成兵工厂之前的那些年里，英国完全有可能向他们宣战，而那时的布尔人根本没有能力打持久战。英国政府不但没有这样做，反而仍保持着耐心，直到等到一份令人发指的最后通牒。这恰好证明，即使马尤巴山大败在英国人的记忆中留下诸多怨恨，也不可能影响英国的政策。

说法八：有什么证据表明布尔人曾对英国人有过任何侵略企图？虽然布尔人不断公开宣扬荷兰人在南非应占有主导地位，并且南非还属于英国的地方会渐渐被荷兰属共和国蚕食，但如果说布尔人针对英国人的整个政策是一场阴谋，那可能滥用了"阴谋"这个词。在报纸、布道会、公开场合，这样的理念不断传播。面对如此广泛且根深蒂固的野心，英国要么屈服，要么使用武力维持地位。英国准备给南非英国殖民地的荷兰公民选举权、立法权、完全的宗教和政治自由，使他们享有与英国人一样的权利，但如果南非想强行扯下英国国旗，那就是英国表明立场的时候了。

对于事情的发展，用保罗·博塔的话来说再清楚不过。我已经说过保罗·博塔和保罗·克鲁格一样是殖民地开拓者，也是典型的布尔人，只是保罗·博塔的观点似乎比他的同胞更开放、更自由。他也是自由邦议会中代表克龙斯塔德的议员。保罗·博塔说：

詹姆斯·布莱斯

皮特·克龙涅

我相信保罗·克鲁格的影响完全改变了阿非利卡人大会的性质,我相信扬·亨德里克·霍夫迈尔在开普成立阿非利卡人大会的目的是获得政治特权,但在保罗·克鲁格的亲信雅各布斯·威廉默斯·索尔、约翰·泽维尔·梅里曼、托马斯·特沃特及其他人的影响下,在开普殖民地,这个组织引发了骚乱。

保罗·克鲁格成功的反英政策造就了一批模仿者,譬如马丁努斯·特尼斯·斯泰恩、亚伯拉罕·费舍尔先生、埃瓦尔德·奥古斯特·埃塞伦、扬·史末资。德兰士瓦共和国、奥兰治自由邦和开普殖民地许多受过教育

扬·史末资

的阿非利卡年轻人也受到了影响。受保罗·克鲁格的成功误导，这些年轻人雄心勃勃，希望以同样的方式走上权力巅峰。

在他们的统治下，克鲁格主义发展成为恐怖统治。你如果反保罗·克鲁格，就会被打上"荷兰敌人"的烙印，成为人民的叛徒，连听证都不用，就给你定罪。在马丁努斯·特尼斯·斯泰恩的统治下，情况更糟。我就曾遭受这种令人苦不堪言的奚落。你对英国越敌视，越能证明你是爱国者。

我希望大家能清楚地知道，这些人遍布整个南非。德兰士瓦共和国、奥兰治自由邦和开普殖民地都有。他们利用阿非利卡人大会、报纸、论坛来推进自己的计划。

我相信弗朗西斯·威廉·赖茨是个诚实的狂热分子。他将自己视为阿非利卡人大会的第二资助人，并宣扬他们的理念"非洲属于阿非利卡人，所有的英国人都应被赶尽杀绝"。有了这样一种诱人的呼吁，人们就可以理解，煽动布尔人中没有受过教育的人或文盲多么容易。同时，这又助长了弗朗西斯·威廉·赖茨的虚荣心和偏见。卡尔·博尔肯哈根的《布隆方丹快报》极大地促进了这一理念在奥兰治自由邦的传播。我坚信保罗·克鲁格资助了《布隆方丹快报》。对我而言，卡尔·博尔肯哈根是血统纯正的德国人，但他对奥兰治自由邦抱有炙热的爱国情怀。这股热情来自哪里应该并不神秘。

在德兰士瓦共和国，《人民冲锋报》承担起同样的宣传任务。该报由一个荷兰人执笔，由保罗·克鲁格出资。《兰德邮报》也是由荷兰人执笔，由保罗·克鲁格出资。在开普殖民地，《爱国者报》发挥同样的作用。《爱国者报》由反政府的密谋者和叛乱分子在阿非利卡主义者的温床——帕尔——成立。《吾国报》可能是一份诚实的报纸，但助长了不实理念的传播，给英国造成巨大损害。让我感到悲哀的是，由于缺乏教育，我们可怜的人民不得不吞下这剂浓缩毒药。

保罗·克鲁格的敌对政策使南非的优势力量消耗殆尽。这意味着优势力量不得不进行自我保护，否则就要屈辱地消失。对于这一点，难道马丁努斯·特尼斯·斯泰恩、亚伯拉罕·费舍尔先生及其他自由邦受过教育的人不知道吗？因此，我坚信，为了应对保罗·克鲁格的挑衅性政策，英国要么战斗，要么退出南非。只有头脑极度不清醒的人——譬如英国的领导人——才会对问题视而不见，或没有任何怀疑。

以上就是一个布尔人对各方力量互相角逐及其背后势力的坦率描述。这一描述简明扼要地总结了局势，但显而易见局势左右了开普的政治。在社论、布道、演讲中，人们在光天化日下肆意探讨建立阿非利卡王国的雄心壮志，但这一计划的实施细节是在荷兰人的房檐下讨论产生的。

以下是弗朗西斯·威廉·赖茨的观点。对这场战争中的伤亡责任承担最大的就是弗朗西斯·威廉·赖茨。下文引自开普敦前总理的哥哥西奥菲勒斯·施赖纳的《回忆录》：

> 十七年前或者十八年前，我在布隆方丹遇到了弗朗西斯·威廉·赖茨。当时，他是奥兰治自由邦的法官。随着德兰士瓦的光复，他投身于阿非利卡人大会的筹建工作。每个人都清楚地知道，英国刚刚"大度"地给予德兰士瓦独立，并且无意剥夺。英国和各个共和国刚刚实现和平，也无意开战。人们尚未发现兰德金矿，英国也不可能有意夺矿。当我再次遇见弗朗西斯·威廉·赖茨时，他尽力说服我加入阿非利卡人大会，但在研究了大会章程和规划后，我拒绝了他的邀请。我们之间的对话如下，在我脑海中留下了不可磨灭的印象：
>
> 弗朗西斯·威廉·赖茨：为什么拒绝加入？让人们对政治问题感兴趣难道不是件好事吗？
>
> 我：没错，是好事。但我从大会章程的字里行间清楚地看出大会的目标不止这些。
>
> 弗朗西斯·威廉·赖茨：什么？

我：我清楚地看到，大会的最终目标是推翻英国政权，将英国从南非驱逐出去。

弗朗西斯·威廉·赖茨带着愉快的、会心的微笑，仿佛他的秘密和目的被人发现，但他并没有因此而不快，说道：好吧，如果真是这样呢？

我：不经过一番艰苦卓绝的斗争，你觉得能这么容易就将英国人从南非赶出去？

弗朗西斯·威廉·赖茨带着同样愉快的微笑，既有自我意识、自我满足，但略带歉意，说道：嗯，可能得打一仗，但即便如此，那又如何？

我：只有一点，在战争发生时，你和我将站在对立面。更重要的是，上次战争，上帝之所以站在德兰士瓦一边，是因为德兰士瓦拥有正义。但上帝这次可能会站在英国这边，因为上帝肯定厌恶利用阴谋诡计推翻英国在南非的政权和地位。这都是命中注定的。

弗朗西斯·威廉·赖茨：我们等着瞧。

至此，谈话结束。但在过去的十七年里，我目睹了各种途径传播推翻南非英国政权的宣传，报纸、布道、讲台、学校、大学、立法机关等，直到成功煽动开战。而这一切的起因均是弗朗西斯·威廉·赖茨和他的同道中人。相信我，弗朗西斯·威廉·赖茨向英国政府下发最后通牒的那一天，既是他一生中最骄傲、最快乐的时刻，也是他渴望和期待已久的时刻。

以上是开普和奥兰治自由邦的两位荷兰裔政治家的对话。下面是1887年保罗·克鲁格在布隆方丹发表的讲话节选。这次讲话远早于利恩德·斯塔尔·詹姆森突袭或投票权之争：

我认为现在谈统一的南非合众国还为时过早。应该挂什么样的国旗呢？英国女王肯定反对取下英国国旗，而我们德兰士瓦共和国的市民也反对取下我们的国旗。所以要怎么办？我们现在规模小，力量微乎其微，但我们在不断成长，为在世界列强中占有一席之地而不懈努力。

还有一个人说:"我们人生的梦想是建立南非合众国,我们的动力必须来源于内部,而非外部。当梦想实现时,南非将坚不可摧。"

总是这样,不同地区的荷兰人产生相同的想法。随之而来就有种种迹象表明,这一想法可以付诸实践。我再次强调,即使是最公正、毫无偏见的历史学家都不能仅仅将这次运动视为错误的认识。

对此,有人可以反驳,布尔人为什么不能这样做?他们为什么不能对南非的未来持有自己的看法?他们为什么不能努力争取拥有统一的国旗和语言?他们为什么不能战胜我们这些殖民者,让我们退回到海上?我认为布尔人完全有理由这样做。如果他们愿意,就让他们试试,而我们会竭尽全力阻止。但让我们结束讨论所有用来掩盖问题实质的表层原因,譬如英国侵略、资本家对金矿的阴谋、牧民的错误等,让那些说英国对德兰士瓦共和国有阴谋的人将注意力稍微转移到德兰士瓦共和国对殖民地的阴谋上来。让他们反思一下,在英国体制中,所有的白人都生而平等,而在布尔人的体制中,一个白人族群却被另一个白人族群欺压;让他们想一想,哪个制度给予人们真正的自由,哪个制度代表着普遍自由,哪个制度代表反动和种族仇恨?让他们在滥用同情之前,仔细思考并回答所有这些问题。

早在布尔战争之前,当时英国公众和政府还充满信心,希望能找到和平解决方案。但事实上,每个布尔市民都在积极备战。他们不仅有步枪、子弹,还清楚知道自己在战斗中的角色,因为他们知道战争肯定会爆发。一场关于未来的巨大阴谋在农民中酝酿,但一切计划都只是口耳相授,绝没有书面文字。我以某种方式得到了一些奇怪的证据。在参加活动时,我偶然走进一个废弃的布尔人农舍。这个农舍曾是布尔人的据点。我想带走一些无实际价值的纪念品,于是拿走了几沓纸,上面的内容像孩子们的作业。事实上,大部分确实是孩子们的作业,但在其中,我发现了几封信。一封信的坦率和简单明了让我读得毛骨悚然。这封信的日期是宣战前十四个星期。当时,英国人渴望和平解决问题,并且充满了信心。

亲爱的亨利，给你写信时，我们都很健康，希望你也如此。18日信收悉，得知大家康健，很是欣慰。现下在我们这边，田地极其干燥，水坝无水。亲爱的亨利，战争即将到来。你们那边的情况如何？无甚新消息可写，但想说的仍很多。现在必须停笔，怕太长你读了厌倦。祝福你和家人。我仍然是你忠实的朋友。

皮特·威斯

1899年6月25日

于帕拉戴斯

在我看来，这就是惊天阴谋的证据，而不仅仅是想法，因为只是想法的话，没有理由不能公开进行讨论。这也证明了布尔人准备武器和打算开战的时间。布尔人早已下定决心与英国一战。为了遮掩备战情况，他们还装模作样地和英

布尔军队

国谈判。毫无疑问,这是压倒骆驼的一根小稻草,但结果证明静水流深,危险重重。距战争还有一个月,一位姓斯尼曼的人在给哥哥的一封信中谈到了保罗·克鲁格:

> 这个老家伙几乎要气疯了。他说市民让他束手束脚。因此,哥哥,就等开战了。他说我们没有后路,已经有外国答应帮忙,必须统一意见,否则我们无法指望得到援助。哥哥,这老头和它的荷兰走狗将这事说得轻而易举,但我们怎么办,如果有人反对,就成了叛徒?因此我只能沉默不语。
>
> 大家在家谈论的都是战争,但在议会讨论的是和平与女王。那就是他们说的政治。我在信中无法多说,但我想说的很多。哥哥,老赖茨说约瑟夫·张伯伦最近可能会带来惊喜,让我们市民睡觉时保持警醒。
>
> 有传言说我们的军官日以继夜的工作,要给维多利亚女王下达最后通牒,吓她一跳。

"大家在家谈论的都是战争,但在议会讨论的是和平和女王。"难怪英国的各项提议都毫无进展。

第 5 章

和平谈判进展

精彩看点

布尔人掌握战争主动权——和平提议——第一轮和平谈判——保罗·克鲁格逃到欧洲——第二轮和平谈判——赫伯特·基奇纳——路易·博塔将军——独立——布尔人士气低迷——官方为和平所作的努力——英国政府要求布尔人无条件投降——和平运动

本书不是专门描绘布尔战争的史书。这方面内容已另立专著。本书旨在探讨误导欧洲大陆和美国舆论的各种观点。我依次探讨每个主题，并不是本着律师准备案情报告为己方辩护的精神，而是诚实地努力描述事情本身，即使我的描述可能与英国政府或战场上将军们的行为不符。在本章中，我将讨论实现和平的问题，并探讨英国在两次谈判失败中应承担的责任。

在战争开始时，布尔人咄咄逼人，所向披靡。他们涌入英国领土，将莱迪史密斯、金伯利、马弗京的小规模抵抗部队逼入壕沟，将他们关押。与此同时，布尔人又击退了从科伦索和马赫斯方丹赶来的援军。1899年10月到1900年2月这段漫长的时间里，布尔人一直掌握着战争的主动权，根本不可能同意议和。相反，被占领的每一寸英国领土都被德兰士瓦共和国或奥兰治自由邦立刻吞并，这是无可争议的事实。那么现在，关于布尔人进行防御战争的理论又要变成什么？后来峰回路转，双方的立场互换。当布尔人的土地被英国占领时，布尔人又有什么理由呼吁要求正义？拥有短暂胜利的布尔人一点也不温和低调。1900年1月底，在访问柏林时，国务卿威廉·约翰内斯·利兹说道：

> 我相信英国会向我们归还一部分被占领土……布尔人可能要求割让德班和德拉戈湾之间的狭长海岸，以及卢西亚和科西的港口。奥兰治自由

邦和德兰士瓦共和国将联合成一个国家。这个国家还包括纳塔尔和开普殖民地的北部地区。①

布尔人要扩张至海边,这样才能感到满足。当他们的旗帜飘扬在开普敦上空时,即预示着战争即将结束,但局势突然发生逆转。顽强抵抗的英国驻军、意志坚定的援军及弗雷德里克·罗伯茨的天才头脑扭转了局势。布尔人被赶回他们的第一个都城。之后,布尔人第一次提出和平建议。在战争对他们有利时,布尔人从未提出和平建议。保罗·克鲁格总统的电报如下:

奥兰治自由邦总统和德兰士瓦共和国总统
致罗伯特·加斯科因-塞西尔
1900年3月5日于布隆方丹

这场战争使成千上万的人流血流泪。南非遭受了前所未有的道德和经济浩劫。交战双方都有必要冷静地扪心自问,就如同在三一上帝②面前一样,问问为何而战,而战争的目的是否值得我们经受一切可怕的苦难与破坏。

有了这个目标,并鉴于多位英国政治家认为这场战争为了削弱维多利亚女王陛下在南非的政权而发动,旨在建立一个独立于英国的南非政府,我们认为我们有义务庄严宣告,这场战争仅是一种防御性手段,维护受到威胁的德兰士瓦共和国的独立,确保两个共和国作为主权国家无可争辩的独立,保证维多利亚女王陛下那些参战的臣民不会遭受人身方面的伤害或财产方面的损失。

按照以上条件,并且仅需按照以上条件,和以往一样,我们希望看到南非恢复和平,希望铲除南非的邪恶势力。如果英国决心摧毁两个共和

---

① 柏林记者:《每日新闻报》,1900年2月1日,1900年3月16日。——原注
② 基督教认为上帝是圣父、圣子、圣灵三位一体,称三一上帝。——译者注

国的独立性,那么我们将一无所有,因此只能抵抗到底。虽然英国军队现在具有压倒性优势,但我坚信,上帝既然点燃了我们和父辈心中对自由向往的熊熊大火,就不会抛下我们,而会让我们和我们的后辈完成上帝的这一使命。

之前,我们对向英国提出这一宣告一直犹豫不决,因为我们担心,只要我们一直占有优势,只要我们的军队在维多利亚女王陛下的殖民地保持守势,这样的宣告就可能会伤害英国人民的荣誉,但现在维多利亚女王陛下的军队已经俘虏了我们的一支部队,英国的声望已经得到保证。因此,我们被迫撤出既占阵地。困难随之消散。我们再也不能犹豫了。我们必须告知贵国政府和人民,让整个文明世界见证我们为何作战及我们恢复和平的条件。

罗伯特·加斯科因-塞西尔回复如下:

1900年3月11日于外交部

我非常荣幸地收到1900年3月5日发自布隆方丹的电报。电报要求维多利亚女王陛下政府承认德兰士瓦共和国和奥兰治自由邦"作为主权国家"享有"无可争辩的独立",并以此为条件结束战争。

1899年10月初,根据当时的协定,英国和德兰士瓦共、国和奥兰治自由邦实现了和平。在此期间,英国和德兰士瓦共和国进行了数月谈判,希望为德兰士瓦共和国的英国居民申冤。据英国政府所知,在谈判过程中,德兰士瓦共和国制造了大量武器。英国政府随后向开普敦和纳塔尔的英国驻军提供相应的增援。而当时英国并未侵犯受条约保障的南非的权利。突然,德兰士瓦共和国发出侮辱性的最后通牒,仅仅两天后,就向维多利亚女王陛下宣战,而奥兰治自由邦并未参予任何谈判,也采取了同样的宣战行动。维多利亚女王陛下的殖民地立即被德兰士瓦共和国和奥兰治自由邦的军队入侵。英国殖民地边境的三个城镇被围攻。开普敦和纳塔尔大部分地区被占领。人民财产和生命遭到极大的侵害,但德兰士瓦共和国和奥兰治自由邦声称,它们会以对待加入自己国家居民的方式对待维多利亚女王陛下统治地区的居民。由于对军事行动有预估,多年来,德兰士瓦共和国积累了大量军事装备,而这些军事装备也只可能用来对付英国。

你所说的军备目的与事实相反。我认为没有必要讨论你提出的问题。然而,这些秘密进行的军备工作使英国被迫面对一场入侵,给英国带来了花费高昂的战争和数以千计生命的损失。这一重大灾难是英国最近几年默许德兰士瓦共和国和奥兰治自由邦的存在遭受的惩罚。

考虑到德兰士瓦共和国和奥兰治自由邦利用所享权利而采取的行动及它们的军队无端攻击维多利亚女王陛下殖民地所造成的灾难,对于你的电报,英国只能回答,不同意德兰士瓦共和国或奥兰治自由邦独立。

无论在任何国家,一个头脑清醒的人会说英国政治家可能持有其他观点吗?从打响第一枪开始,一系列事件表明,德兰士瓦共和国和奥兰治自由邦要么在非洲占统治地位,要么就不应该存在。我认为,饶恕奥兰治自由邦本来还有依据,但奥兰治自由邦既然吞并了所占领的每一寸英国领土,那么现在也没有理由为自己求情。但英国没有原谅德兰士瓦共和国的理由。如果德兰士瓦共和国重新建立,那么英国将不得不再次面对选票权、外国人、腐败的寡头政治、反英国阴谋等问题——英国用生命的代价和高昂的成本解决的问题。对于英国刚刚在南非经历过的绝望境地,我们依然记忆犹新,不愿意子孙后代再次面临同样境地的可能性存在。那些批评我们的人应当记住我们曾经给过德兰士瓦共和国和奥兰治自由邦机会。我们记得我们曾努力实现和平,却给了它们机会伤害我们。结果呢?无休止的麻烦最终引发一场使英国陷入资源紧张的大战。我们还要重蹈覆辙吗?世界上会有国家愿意走这样的老路吗?从签署和平协定那天起,我们就应该知道,英国殖民地的北方有一个强大的死敌。它酝酿怒火,蓄势待发,一待时机成熟,就准备派军队进攻。英国殖民地将永远处于威胁之下。谁又能责怪英国不想重蹈覆辙的决定呢?

第一轮和平谈判就这样结束了。战争重新开始。之后,布尔人的第二个首都被占领。保罗·克鲁格逃到欧洲,将自己亲手造成的南非烂摊子抛在身后。随后,在路易·博塔将军的倡议下,英国人和布尔人开始第二轮和平谈判。1901年2月28日,赫伯特·基奇纳和路易·博塔将军举行了会晤。赫伯特·基奇纳解释说,由于上述原因,英国不可能让德兰士瓦共和国和奥兰治自由邦独立。谈判是在这个共识的基础上进行的。以下为赫伯特·基奇纳对会晤的描述及讨论的相关问题:

电报

1901年3月1日14时20分发自

比勒陀利亚

1901年2月28日,我与路易·博塔进行了长时间会谈。他情绪良好,似乎急于实现和平。他询问了很多问题,说要将这些情况转告自己的政府和人民。如果政府同意,他将访问奥兰治自由邦,再说服那里的人心,然后大家携手一起结束战争。他同时告诉我这需要时间。他还不确定在没有自主权的情况下是否能实现和平,但他也一直在争取某种形式的独立。我拒绝讨论这个话题,表示遮遮掩掩的独立是最危险的方式,很可能诱发战争。话题戛然而止。

第一,路易·博塔询问未来殖民地政府的性质。除了殖民部给出的信息,路易·博塔希望知道更多的细节。我给他的回答是要等英国国内确认。如果敌对行动停止时,军政府将由英国直辖殖民地政府替代,包括提名行政长官,选举议员,随后一段时间组建代议制政府。路易·博塔本想立即组建代议制政府,但对我以上的陈述,他似乎很满意。

路易·博塔

赫伯特·基奇纳

第二，布尔人能否拥有步枪来保护自己免受土著的侵害？我说我认为只要拥有执照和经过注册就可以。

第三，路易·博塔问是否允许人们讲荷兰语？我回答说我认为英语和荷兰语拥有平等的权利。他表示希望与农民打交道的官员能讲荷兰语。

第四，黑人问题。这立刻产生黑人的投票权问题。解决方案是，在组建代议制政府前，不能授予黑人投票权。路易·博塔认为奥兰治自由邦针对黑人的法律没有问题。

第五，荷兰教会的财产保持原封不动。

第六，公共信托和孤儿基金保持不变。路易·博塔询问，在接管德兰士瓦共和国资产后，英国政府是否也承担合法债务。对此，路易·博塔提出相当强硬的观点，认为英国政府应该接受战争开始后所有合法债务。路易·博塔指的是接近一百万英镑的债券。

第七，路易·博塔问是否会对农民征收战争税？我说我觉得不会。

第八，何时遣返战俘？

第九，路易·博塔提到重建烧毁农场所需的资金援助，可让农民开始新生活。我说我认为可提供相应援助。

第十，战争结束后，大赦所有人。我们谈及进入德兰士瓦共和国的殖民者。路易·博塔似乎并不反对剥夺他们的投票权。

我与路易·博塔商定通过电报保持沟通，通知他英国政府对这些问题的回复。我在会谈中说的话均需由英国政府最后确认。路易·博塔急于得到迅速回复。

之后，关于可以答应路易·博塔将军的确切条款，赫伯特·基奇纳、阿尔弗雷德·米尔纳爵士、约瑟夫·张伯伦进行了沟通。最后，在布尔人全面投降的条件下，1900年3月7日，赫伯特·基奇纳、阿尔弗雷德·米尔纳爵士、约瑟夫·张伯伦交给路易·博塔将军以下条款：

一、大赦德兰士瓦共和国和奥兰治自由邦所有居民的战争行为。但就叛军而言，如果返回殖民地，就必须接受相关调查。

二、立即遣返所有战俘。

三、尽快成立皇家殖民地政府，随后同其他英国殖民地一样，组建代议制政府。法院独立于政府。

四、荷兰语、英语享有平等地位。

五、政府帮助农民重建农场，恢复原有建筑，保证不对农民征税。作为善行，殖民地政府偿还德兰士瓦共和国和奥兰治自由邦政府政府在战争期间向人民筹措的一百万英镑借款。

六、允许居民携带武器。

七、黑人应受到法律保护，但不能拥有投票权。

赫伯特·基奇纳说："最后，我必须告知阁下，在合理时间内，如果这些条款仍未被接受，则将视为失效。"

然而，明智、有风度的路易·博塔将军受到周围的人影响。在持续的斗争中，这些人几乎没有任何损失。很明显，路易·博塔将军自己并不认为独立是至关重要的因素，因为他曾经严肃地讨论过基于丧失独立的条款，但他还是受到了其他影响。以下是他的回复。这样的回复导致双方许多人为此付出生命。

很荣幸收到阁下的信。信中说明了在全面彻底停止敌对行动后，贵国政府准备采取的措施。我已将该信转呈我国政府。1900年2月28日，在米德尔堡，阁下与我交换意见后，阁下应该已经了解我并不倾向于建议我国政府认真考虑信中的各项条款，想必阁下定不会感到意外。另外，我想说的是，我国政府及高官完全赞同我的观点。

可以看出，在这个答复中，路易·博塔将军拒绝和平的基础是他最初在与赫伯特·基奇纳会谈中表达的观点。因此，我们有路易·博塔将军的证明，对方拒绝和平协议并不是约瑟夫·张伯伦可能改动条款造成的,而约瑟夫·张伯伦的政敌特别喜欢用这点攻击他。

如果和平协议中没有"独立"这一条,那么英国很难提供更好的协议。事实已经充分表明,承认独立意味着未来还得开战。有人提议英国可以提出代议制政府生效的明确日期,但这是一种非常"狡猾"的承诺,因为代议制政府成立的日期取决于国家的状况,而不能由一个日期左右。至于向农民提供重建农场的贷款,对于我们的手下败将来说,这肯定是极其慷慨的行为。但现在的事实证明,在某些方面,我们已经过于慷慨了。如果对方接受和平协议,英国利益将受到极大的损害。过多的付出看起来更像是向对方求和,而不是为了双方实现和平。

无论和平协议最后的条款会是什么样子,我们都真诚地希望四万名男性囚犯不要被放回来,因为谁也无法保证他们未来的行为。我们同样希望南非荷兰语这种混合语言不要再成为官方语言,因为它没有书面文字。荷兰人和英国人都听不懂。从长远来看,如果没有这两项,战争再持续几个月也值得。在路易·博塔将军拒绝和平协议后,英国政府收回协议。命运的指针继续向前,从不回头。

在谈到赫伯特·基奇纳的和平条款时,皮特·德·韦特说:"研究条款有什么用?我们抗争的唯一目的是实现独立和民族生存。"但显而易见,路易·博塔将军并不认为这是恢复谈判的障碍。两个月后,即1901年5月10日,他给赫伯特·基奇纳写信说:

1901年5月10日于大本营

我已经向阁下保证,我非常希望终止这场战争及其悲惨的结果,但为了遵守德兰士瓦共和国的《宪法》及其他规定,在采取行动前,我需要将我国情况告知身在欧洲的保罗·克鲁格总统。因此,我希望能派两人前去,让他充分了解我国情况。

对于参战双方来说，这件事的进展速度极其重要。如果没有阁下的协助，此行必将消耗大量时间。我想明确得知阁下是否愿意协助我加速此事进程，允许前往沟通的人毫无障碍的往返于两地，必要时需要利用阁下控制区的交通工具。

您忠诚的

总指挥路易·博塔将军

赫伯特·基奇纳回复说：

1901年5月16日于比勒陀利亚南非陆军总部

我已经收到您1901年5月10日的信，并回函告知，我仅有权就停止敌对行动一事与阁下和您的长官进行沟通。我不认可奥兰治自由邦和德兰士瓦共和国其他人的官职。

如果您希望以结束敌对行动为目的与欧洲任何人进行磋商，我将为您电报转告并协助您得到回复。但阁下如果仍想派遣使者进行往来，请阁下将使者身份、姓名告知，我会将此事提交英国政府决定。

您忠诚的

南非英军总司令赫伯特·基奇纳将军

在此期间，即1901年5月的第二周，布尔人士气低迷，因为在同一天，我们与路易·博塔将军重启闭门谈判。弗朗西斯·威廉·赖茨写信给马丁努斯·特尼斯·斯泰恩说，游戏已经结束，是时候采取最后一步行动了。保罗·克鲁格的回复则鼓励布尔人继续无望、损失惨重的抵抗。保罗·克鲁格在回复中还说，战争有较大希望取得胜利，同时已经采取措施，为布尔囚犯和难民妇女提供相应的援助。这些极其有效的措施都来自布尔人他整日痛斥的英国政府慷慨解囊。有迹象表明，某些事情给了布尔人新的希望。他们因此获得新的物资。表面上看，大量枪支、弹药、新兵一定是从德国殖民地达马拉兰或葡萄牙沿海运来。无论实情如何，布尔人确实使用了大量弹药。要么是弗朗西斯·威廉·赖茨在胡言乱语，要么是某个未知的来源给布尔人提供了大量补给。

官方的和平努力到此为止。

有人说英国政府坚持要求布尔人无条件投降。以上大量细节说明这种说法根本罔顾事实。英国政府提出的条件过于慷慨，却在南非遭到激烈的怀疑与批评。在南非，布尔人曾用武力赢得的一切似乎在瞬间就都没了。除了独立，我们的对手想要的东西都得到了。然而，即使战争继续，打到最后一个布尔人被逐出非洲，英国也不可能让布尔人独立。

我再稍微讲一下布尔人争取和平的非官方努力。许多布尔人，包括有影响力、睿智的人，都愿意接受英国统治，换取和平与安定。这些人的领袖是克里斯蒂安·德·韦特的弟弟皮特·德·韦特，克龙斯塔德的保罗·博塔将军、布隆方丹的约翰·乔治·弗雷泽等。其中，皮特·德·韦特曾率军同英军激战。他写信给自己的哥哥克里斯蒂安·德·韦特说："德兰士瓦共和国和奥兰治自由邦继续冒着灭亡的危险斗争或者投降，哪个更好？我们能不能想一想，即使获得独立，政府一分钱都没有，怎么支撑几万人的生活？将激情暂放一边，只要凭借常识，你就会同意我的观点。对人民和国家来说，现在最好的事情就是让步，效忠新政府，建立负责任的政府。"这是许多精英的观点。他们尽力说服同胞。无论是在德兰士瓦共和国还是在奥兰治自由邦，居民成立各种和平委员会，派遣代表向布尔士兵的亲人讲明现状，但结果很悲惨。其中两名代表J.J.摩根达尔和迈耶·德·科赫被残忍地枪杀。J.J.摩根达尔死前还遭到痛打，而其他代表都遭到冷遇。

然而，这样的残酷现实并未阻止和平运动。和平运动反倒愈演愈烈。支持和平的居民发现与同胞争论徒劳无益。他们知道自己的国家正被毫无理性的抵抗摧毁。最后，热爱和平的人不得不采取极端手段拿起武器。目前，三支由布尔居民组成的突击队与英国人并肩作战，分别由大卫·马雷、约翰·G.萨利尔斯、年

克里斯蒂安·德·韦特

轻的皮特·克龙涅指挥。他们都曾在与英军战斗中成名。这一事实本身就足以推翻我即将谈到的英军有野蛮行径的故事，但英国政治狂热分子和被骗的外国人都相信这样的故事，而最好的回应就是许多布尔人应征入伍，为英国而战。加入英国军队的布尔人最了解事实与真相。他们如何以更有力的方式展现他们认为的真相呢？

第 6 章

关于焚烧农场的具体情况

精彩看点

布尔人游击队员——布尔人的抗议信——焚烧农场——布隆方丹休战期——"饥饿第八师"——纪律性和忍耐力——《海牙公约》——弗雷德里克·罗伯茨——"加入突击队"字样——收缴布尔人的庄稼和牛羊——游击战

从目前公开的布尔人与南非英国官员往来的官方信函中，我们可以清楚知道焚烧农场这种做法如何一步步发展到惊人的程度。我们必须承认，结果并不能证明此事的正确性。一方面，抛开所有道德问题，我们一直迫切希望布尔人能像本地的英国人一样安定生活，而被烧毁的家园无法让人安顿。另一方面，当一个国家开始采取游击战，实质上是让全国人民承受伴随这种战术而产生的不可避免的痛苦。在任何时候任何战争中，游击战都有这样的副作用。被游击队突击的一方军队会猛攻游击队的出没区域，有时会出现连带损失。一支不断遭受袭击、骚扰的军队会变得痛苦不堪，更会导致指挥根据先例和经验，采取更严厉的措施。英国并没有滥用严厉措施。对于这一点，从被俘的游击队员成为战俘这一事实就可以看出。布尔人游击队员与法国游击队员的命运并不一样。游击队的问题以后再讨论。现在，我们将注意力集中在焚烧农场这一事件上。

布尔人第一封抗议信的时间为1900年2月3日。在信中，德兰士瓦共和国总统和奥兰治自由邦总统保罗·克鲁格指控英军"用炸药炸毁、焚烧农舍，破坏农场"。该信还提到英军调遣武装土著对付布尔人。

1900年2月5日，弗雷德里克·罗伯茨回复称，英军得到严格指示，要求尊重私人财产。"如肆意伤害或杀害和平居民，均违反英军惯例和传统。如有必要，我将严惩。"他还说，有关英国军官鼓励土著掠夺财产的说法并不属实。这一指控经常成为欧洲众多漫画的创作素材。它就跟漫画家的其他大多数作品一样荒谬。为什么英国不调用训练有素的十五万印度士兵,而要利用土著呢?弗雷德里克·罗伯茨立即否认这一说法。关于这一问题,此后双方的信中再没有提到。

在信中,弗雷德里克·罗伯茨不仅否认了布尔人的指控,而且进行了反击:

> 我遗憾地说,在某些情况下,以不符合文明惯例的方式进行战斗的是德兰士瓦共和国的军队。尤其在遭到入侵的殖民地,德兰士瓦共和国军队将不服从其指挥官命令的人驱逐出自己的家园,而这些人是女王陛下忠诚的臣民。通过掠夺和驱逐的威胁,德兰士瓦共和国军队强迫人们站在英国的对立面。这是一种野蛮行径。正是由于强迫,男人、女人、儿童不得不离开家园。他们中的许多人原本享有舒适的生活,现在仅靠慈善机构的施舍维持温饱。

弗雷德里克·罗伯茨还说:"我请求诸位注意布尔人在纳塔尔肆意破坏财产的行为。他们不给钱,肆意占有农民的牛群和财产,还将农舍打砸一空。例如,在斯普林菲尔德附近的'长木'农场,西奥多·伍德就曾遭遇此劫。我还要指出英军完全没有此类行为。来自莫德尔河方向的报告称英军从未进入实际控制区域内的任何农场。当地居民没有受到任何干扰。他们的房屋、花园、农作物也没有受到任何破坏。"

1900年3月26日,弗雷德里克·罗伯茨的公告明确谈到了私人财产问题。公告写道:

> 1900年3月26日,我以英国政府的名义发布以下公告:兹通知,在德兰士瓦共和国或奥兰治自由邦境内的所有人如下令或自行肆意破坏公共财产或私人财产,或为肆意破坏公共或私人财产提供咨询或协助——进行文明战争或战争习俗不能成为免罪的理由,应由其本人及其财产承担肆意破坏造成的一切后果。

此时正处于布隆方丹休战期。我清楚地记得,在当时及以后很长的一段时间里,对私人财产的考虑让许多在前线的人认为过于夸张和荒谬。我记得,当时医院人满为患。我们申请借用废弃的乡间小屋收治伤兵,结果被告知只有与主人签订私人协议才能使用。而当时,这些屋主都是正与我们开战的游击队员。我还记得,我建议将板球场四周的铁栅栏用于搭建茅屋,但有人告诉我不行,因为这是私人财产。

弗雷德里克·罗伯茨的行军也显示出对个人财产的极度尊重。他行军经过的地区牛羊成群,鸡鸭遍地。正如在法兰西南部作战的威灵顿公爵阿瑟·韦尔斯利一样,弗雷德里克·罗伯茨的军队纪律严明,绝不破坏私人财产。即使士兵饥肠辘辘,也不能偷走一只鸡。对于掠夺财产的惩罚既迅速又严厉。虽然偶尔会有烧毁农庄和没收牲畜的情况,但这只是对某些特定罪行的惩罚,而非普遍做法。一瘸一拐的英国兵斜眼看着那些挤满水坝的大肥鹅,要是能让手掐到鹅的白脖子,死都值得。但在这个鹅鸭成群的地方,他们只能靠喝脏水、吃牛肉罐头度日。

在此期间,英国人表现出惊人的纪律和忍耐。对于布尔人,战争仍然算是常规战,而莱斯利·朗德尔指挥的部队则被称为"饥饿第八师"。这个师不幸地在离铁路较远的地方驻扎了几个月,因此很难获得补给。在相当长一段时间里,士兵口粮减半,战斗力大减。部队战斗力下降。然而,他的部队处在在一片富足的土地上,到处是大农场,各种食材储备丰富。我不理解为什么我们不能将这里的食物拿来为士兵充饥,但我知道这些农场的农民都加入了游击队对抗英军。他们的妻子抬高面包、鸡蛋、牛奶及各种食物的价格。饥饿的英国士兵完全买不起,也不被允许抢夺食物,尽管食物对他们的营养至关重要。

1900年5月19日,当弗雷德里克·罗伯茨的部队向比勒陀利亚推进时,布尔游击队指挥官皮特·德·韦特发来一份信,称帕德克拉尔和利乌卡普两个农场遭到毁坏。弗雷德里克·罗伯茨回答道,这两个农场之所以遭到毁坏,是因为虽然农场屋顶飘着白旗,但他的部队还是在农场里遭到袭击。弗雷德里克·罗伯茨说:"在克龙斯塔德附近有两个农场也因类似原因被毁,我将继续用这种方法

威灵顿公爵阿瑟·韦尔斯利

莱斯利·朗德尔

惩罚背信弃义的行为。"这是一个明确的政策声明。这种毁坏与肆意破坏完全不同。要给自己的士兵一个公道，这是一位将军能做的唯一选择。属于这一类的所有农场都被公正而恰当地摧毁了。英军没有使用任何暴力，而农场上的人都先被转移到安全地点。

这位布尔游击队指挥官的下一次抗议在性质上更明确。

皮特·德·韦特写道：

> 我不断接到投诉，说私人住宅被洗劫一空。有时，房子也被完全摧毁。妇女儿童的所有食物均被抢走。他们被迫在没有足够食物和衣物的情况下四处流浪。以下是几个具体例子。我刚看到一份宣誓证词，1900年6月20日，位于米德尔堡列乌斯布鲁斯特区的民兵长S.拜斯的房屋被烧毁。当时，他的妻子还在家。英军让她五分钟之内拿走被褥、衣服，甚至她取出的东西也被夺走。她的食物、糖等均被拿走。这意味着她和孩子当天晚上既没有衣物也没有食物。英军还要求她拿出保险箱钥匙。她交出保险箱钥匙后，又被剑指着交出钱。房子里所有钱都被拿走。保险柜里的所有文件都被撕毁。房间里所有不能带走的东西被烧毁。民兵长S.拜斯儿子的房屋也遭破坏。门窗都被打破了……
>
> 我得知自己在斯坦德顿区瓦斯普鲁斯特农场的房子及民兵长亨德里克·巴登霍斯特在附近的农场房子也完全被毁了。农场牲畜被抢或被杀。
>
> 此外，还有亨德里克·巴登霍斯特夫人的宣誓证词。情况不言自明。
>
> 我无法相信这种对上帝没有丝毫敬畏之心的野蛮行为是在阁下的同意下发生的。因此，我认为我的庄严职责是强烈抗议这种破坏和报复行为。这完全违反文明战争的规定。

这些所谓的暴行大部分由在德兰士瓦作战的雷德弗斯·布勒将军下令实施。他承认曾摧毁六座农舍：

雷德弗斯·布勒

以下情况促使我下令摧毁农舍。在进入德兰士瓦时,我下令将公告沿着我的行军路线广泛张贴。从福尔克斯勒斯特到斯坦德顿,我的军队几乎没有遭到抵抗。但在我们抵达斯坦德顿不久,我们的电报线路在随后几个晚上被切断。有人试图通过在军用电报路线上安装雷管炸药进行破坏。这些行为都发生在上述农庄或附近。后来,我们的哨兵发现,这些破坏行为的实施者并不是哪路敌军,而是分散的匪徒。他们住在后来被我们烧毁的农庄中。他们夜里出动，一有机会就杀害我们的巡逻兵，或者破坏电报线路。

后来又证实，这些人经常从瓦斯普鲁斯特回来。我曾下令要求每个农舍都要张贴公告。因此，每个房子的住户都应知道不允许此类破坏行为。生活在我们保护下的人如果允许破坏分子住进他们的房屋，那么必须承担后果。他们的房屋将被捣毁。这一警告在几天内产生了效果，但在1900年7月1日和1900年7月2日，滋扰再次出现。1900年7月7日，我收到确凿证据证明这些房子经常给敌对分子提供庇护。事实上，这些敌对分子不属于任何部队，只是散兵游勇。于是，我下令拆除房屋。

住在农场的妇女和儿童被转移到其他地方。我们尽可能减少给他们带来的不便。

毫无疑问，在这一点上，英军指挥官的做法完全符合他们的权利。虽然《海牙公约》第二十三条规定破坏敌人的财产为非法行为，但还有"除非战争迫切需要破坏敌人财物"这一免责条款。在战争中，没有什么比维护军队的通讯设施更重要了。《海牙公约》第二十三条还有一项规定：以诡诈手段杀害或伤害敌人是违法行为。毫无疑问，躲在挂白旗的农舍里伺机发动攻击就是"以诡诈手段杀害或伤害敌人"。将这两条加起来后可以证明，英军的行为完全合法，甚至是不得已而为之。1900年8月3日，弗雷德里克·罗伯茨写信给皮特·德·韦特，重申自己的意图和理由：

最近，我的许多士兵都被从挂着白旗的农舍里射出的子弹打死。铁路和电报线被切断。火车被破坏。因此，在我警告阁下后，我认为有必要采取战争惯例所允许的措施结束这些行为，并烧毁发生此类行为的农舍或附近农舍。只要情况适用，我将继续这样做。

补救措施取决于阁下。对我而言，破坏财产，非我所愿。如果阁下的合作能避免此类事情再次发生，我将十分高兴。

这就得谈及在切断铁路附近焚毁农舍的合法性问题。我曾目睹鲁德瓦尔附近的六个农舍被烧毁时冒着的股股浓烟，其中包括皮特·德·韦特的农庄。当时，我就想到这一行为的合法性问题。毫无疑问，在1870年的那场典型现代战争①中，被破坏铁路附近的村庄和居民都受到严厉的惩罚。但那时《海牙公约》尚未签署。一方面，我们可以说，如果没有惩罚措施，就不可能在一个敌对国家或半敌对国家中保障一条绵延一千英里的铁路。这也是"战争迫切性的要求"。另一方面，正如《海牙公约》第十二条所说，"个人行为不能被视为集体责任，故不能因个人行为而对公众施加普遍惩罚"。双方都可提出自己的论点，但真正能决定一切的才是最有力的论点，即自我保护。英国陆军完全依靠铁路维持物资供应，就算要死抠《海牙公约》条款，也必须保持铁路畅通。事实上，焚烧农场对遏制切断铁路的行动没有任何影响，却造成人民的苦难。然而，一位将军如果在一个月内与大本营的联系被切断三十次，必然会将合法性的争论留给法学家，而采用最有可能阻止滋扰的手段。受惩罚的人中有些可能是受到连累的无辜者，有些是真正的袭击者。

1900年9月2日，弗雷德里克·罗伯茨向保罗·博塔将军传达了自己的意图：

> 先生，我很荣幸与您讨论一小部分武装布尔人的行动。他们藏在铁路附近的农场中，企图破坏铁路，从而危及火车乘客生命，不管乘客是否为战斗人员。
>
> 我再次提到这个问题的原因是，除了您率领军队占领的地区，目前在德兰士瓦共和国或奥兰治自由邦没有正规的布尔人部队，并且战争已经演变成非正规游击队员不负责的战斗行动。这种行为对德兰士瓦共和国和奥兰治自由邦造成毁灭性破坏，从任何角度来说都十分可悲。因此，我觉得有义务尽我所能防止这种情况发生。
>
> 为了实现上述目标，我发布以下命令：烧毁离受破坏铁路或火车案

---

① 即普法战争。——译者注

发现场距离最近的农场，收缴方圆十英里范围内所有农场的一切牲畜、物资等。

尽管弗雷德里克·罗伯茨惩罚措施合法，但使用次数必须降到最低限度，因为每种情况下只能烧毁一个农场，而收缴牲畜无疑有其道理。如果没有马匹，想靠近铁路的布尔人袭击者就会缺乏足够的机动性。然而，破坏铁路和通讯线路的事件平均每天发生一次。尽管英军每次只烧毁一个农场，但总数十分惊人。

当时，我们烧毁农场有两个主要原因：一、农场被用作狙击手的掩护；二、作为对破坏铁路的惩罚。这时又出现了第三个原因：许多布尔人被释放时宣誓保持中立，然后英军允许他们返回自己农场。之后，这些人被布尔游击队说服或恐吓，背弃假释誓言，即放弃他们曾宣誓保留的自家农场。这些农场是他们的保释金。于是，弗雷德里克·罗伯茨下令将农场没收。1900年8月23日，弗雷德里克·罗伯茨向保罗·博塔将军宣布了自己的决定：

> 您抗议居住在自家农场的善良人们被赶出家园，财产被夺走、摧毁。毫无疑问，这是事实，但性质与您信中所示不同。对英国政府态度良好的布尔人急于服从我的权威，但他们的财产被布尔游击队夺去。他们如果他们拒绝拿起武器对抗英军，就会受到死亡威胁。布尔人只有在自愿做出保持中立的庄严宣誓后，才能不受干扰地回到原有的农场。您认为这一誓言现在无效。因为您尚未同意这一点，所以很难进行讨论。我必须惩罚违背誓言的人，没收他们的财产，因为他们自愿宣誓，没有人逼他们。

可以肯定的是，德兰士瓦共和国和奥兰治自由邦显然违反了《海牙公约》。他们强迫甚至允许已宣誓中立的布尔人重新入伍。在此情况下，正如《海牙公约》第十条所说："被释放人员的政府不得要求或接受被释放人员提供与释放宣誓抵触的任何服务。"对政府来说，这一点非常明显，但就人民来说则另当别论。从某种意义上说，他们的承诺取决于英军的有利保护。英军没有权利将一个人置于如此可怕的境地，让他选择是违背假释誓言，还是被同胞杀死。英军如果不确定是否能保护他们，可以将他们留在有守卫的营地中。这也是英军最后的选择。如果英军将他们放回广阔的草原上，那么他们被迫加入布尔游击队则是英军的错。但值得赞扬的是，即使在这样的压力下，他们中的许多人还是信守誓言。

但如果宣誓中立的布尔人的行为和英军的行为一样错误，英军怎么能有理由烧毁他们的房屋呢？在我看来，这种情况与其他情况大不相同。我们至少应该考虑给这些人赔偿。我认为，在官方清单上有众多被毁农场，如果在旁边标记"加入游击队"字样，说明农场主被释放后又回到游击队。在这种特殊情况下，他的房屋遭到焚毁就是一种严厉的惩罚。但如果"加入游击队"仅仅意味着该农场主在履行自己的国家职责，而他没有做过假释誓言，那么如果他得不到赔偿，英国人永远良心不安。

从双方将领书信交流中，我们可以追溯这种严厉惩罚的不断蔓延。在南非，这种做法受到普遍谴责。只要是正常战争，就可确定英军的行为绝对毫无异常。然而，布尔人采用非常规方式作战。布尔军队分散成一支支小队伍，扰乱英军交通线，突袭小哨所和车队。因此，英军只能改变作战方式来应对。

1900年年底，这种变化越来越大。有些地区曾是布尔人活动的中心，他们经常在这些地区集会。这些地区，如克龙斯塔德、海尔布隆、芬特斯堡、温堡均遭到破坏。在这四个地区，大约有一百七十所房屋被摧毁。曾是布尔人仓库的博塔维尔村也被摧毁。博塔维尔村有四十三所房子。在德兰士瓦，因为战略目地而被摧毁的房屋数量似乎少得多。正式报告中只提到了烧毁十二所房屋。因各种争议原因而被摧毁的房屋，包括房主加入游击队而被烧毁的房屋，总数没有超过二百五十所。

必须承认，这些房屋与其他被摧毁房屋的情况完全不同，因为它们被用于参与积极的战争行动。据我们所知，在被摧毁的六百三十所房屋中，有一半以上被狙击手用来做掩护，或者以其他直接方式被划入战争范畴。但我们无法确定其他被毁房屋也是这种情况。一般农舍的造价并不高。一百英镑可以建一所小房子。三百英镑可以建一座大农舍。如果我们取中间值，五万英镑即可赔偿军事政策和国际法不一致情况下烧毁的所有房屋。1900年，烧毁房屋的做法被禁止。除非在非常特殊的情况下，有极其迫切的军事需要，否则均不能烧毁房屋。法国人在东德兰士瓦和宾登·布拉德将军在德拉瓜铁路以北进行的扫荡中，似乎没有任何建筑物被摧毁，尽管清除农场物资是阻止布尔游击队行进的必要军事手段。

收缴布尔人的庄稼和牛羊确实是令人厌恶的工作，但布尔人破坏英国陆军的物资运输火车也是要达到同样的目的。游击战是一把双刃剑，有先天优势，也有无法克服的劣势。至于游击战产生的后果，责任在于首先使用这种作战方式的人。

第 7 章

南非难民营

精彩看点

英国建立难民营——艾米莉·霍布豪斯小姐——艾琳难民营——食品清单——供水短缺——卫生问题——难民的死亡——土法治疗——阿尔杰农·梅休因——《南非：和平还是战争》——麻疹疫情——营地士兵之家——蓝皮书

在南非大多数地区，为了阻挡布尔游击队的行军，英军清空了各地粮食储备，并且由于上一章所述原因烧毁大量农舍。在这种情况下，作为文明民族的英国人必须承担起自己的责任，为妇女儿童提供避难所。我们希望在避难所，他们不会受到伤害，等待和平的到来。原本有三个选择方案：第一个方案是将布尔人妇女和儿童送入布尔人阵地，但当时布尔人军队分散成各个小分队，没有确切的行军路线。这个方案因而无法实施。第二个方案是将他们留置原地。第三个方案是将他们聚集在一起，竭尽所能照顾他们。

有人严厉抨击英国实际采取的做法，但在英国最初打算采取其他方案时，批评声音最大的也是同一批人。这实在令人费解。如果英国将布尔人妇女儿童留在有众多黑人出没的草原上，那么英国的污点将永远无法抹去。即使威廉·斯特德夸大其词，也不能诋毁这种做法的有利之处。在有些传言中，他描绘了英国军营附近布尔女性道德和身体堕落的悲惨画面。如果有真凭实据证明这样的传言，那么使用任何激烈言辞抨击英国的做法都不为过。然而，唯一的"证据"是一个有党派倾向的作家在一份有党派倾向的报纸上发表的文章，并且他拿到的也不是第一手资料。而更让人义愤填膺的是，一个英国人利用传说中的证据将自己的同胞描绘成"利用饥荒满足欲望"的人。

这种话虽然荒谬,但非常清楚地表明如果英国政府不成立避难所,将会遭受何等攻击。被烧毁房屋的家庭需要有住所,而孤零零农场上的妇女即使能够自给自足,也不安全,因为周围都是黑人。至于男子,我们再次从那些假释的人身上得到教训:不应该再给他们机会违背誓言或被自己同胞惩罚。

成立难民营的理由必须完整,并且有说服力。因此,难民营由英国在交通便利的市镇中心建立,主要分布在德兰士瓦共和国的比勒陀利亚、约翰内斯堡、克鲁格斯多普、米德尔堡、波切夫斯特鲁姆、勒斯滕堡、海德堡、斯坦德顿、彼得斯堡、克莱克斯多普、福尔克斯勒斯特,以及奥兰治自由邦的布隆方丹、克龙斯塔德、贝图利、伊登堡。

难民营并不是什么新鲜事,因为来自约翰内斯堡的英国难民已经在这种地方生活了近一年。英国难民以尊严和克制忍受了难民营中的一切困难。因为无法

克莱克斯多普地区受战争波及的土著

克莱克斯多普地区的难民营

从英国难民的苦难中提取任何政治资本或制造国际舆论,所以我们很少听到他们的生活状况,但在许多方面,英国难民的境地比布尔人更悲惨。

决心建立难民营后,英国开始非常周密地执行计划。难民营位置经过精挑细选。大多数情况下,难民营里的一切设施安排十分周到。然而,建立难民营的时机不对。庞大的军队给军需部门带来巨大压力。我们必须通过三条小铁路为二十多万人供给食物,而铁路不时被切断。1901年1月,皮特·德·韦特率军入侵开普殖民地。铁路沿线的压力立刻增大。当时就出现了这样奇特的景象:英国人竭尽全力为布尔人的妇女儿童提供食物,而布尔人却在打死铁路工程师,想方设法破坏食物运输线路。

1900年年底,难民营有两万人。1901年年底,难民营人数迅速增加,超过十万人。英军竭尽全力安置不断增加的难民,在资金方面慷慨解囊。1901年年

艾米莉·霍布豪斯

初,来自英国的贵族艾米莉·霍布豪斯①小姐访问难民营,对难民营的状况做了批评。随后,在英国,她发表的报告让难民营给人留下了悲惨痛苦的印象。然而,因为她对政府有偏见,所以其报告的价值也打了折扣。从一开始,她的族人、激进的议员查尔斯·霍布豪斯先生就承认艾米莉·霍布豪斯小姐的某些表述经不起推敲。即使她心存善念,她的结论也不可信,因为她根本不会讲荷兰语,既对布尔人的性格毫无了解,也对他们的平常生活条件一无所知。

---

① 艾米莉·霍布豪斯(Emily Hobhouse, 1860—1926),英国社会活动家。第二次布尔战争期间,她访问南非的难民营。难民营中关押了布尔妇女和儿童。之后,她的有关于难民营惨状的报告引起英国公众的注意,而她也致力于改善难民营状况。——译者注

她批评的内容主要包括食品不足、被褥少、供水少、卫生条件差、空间过度拥挤、死亡率高，尤其是儿童死亡率高。

在饮食方面，她所给的清单与1901年7月比勒陀利亚附近的艾琳难民营官方提供的食品清单大致相同。清单如下所示：

食品	重量
肉	0.5磅
咖啡	2盎司
面粉	0.75磅
糖	2盎司
盐	0.5盎司
六岁以下儿童每人一瓶牛奶	

我们必须承认，每天的食物确实不多。随着物资供应日益丰富，每天的定额也会随之增加。每日定额粮食还可以通过外部采购得到补充。目前外部资金充足。这些资金大多来自英国人的捐赠，可以使食物供给更加灵活。最初，不同家庭的饮食供给略有不同。投降家庭是一种，而有家人参加布尔游击队的家庭是另一种。当然，这样的划分方式无可厚非，但在实践中被认为不人道，并且过于严苛，因而很快就被取消了。

至于供水短缺，究其根本在于南非不是雨季就是旱季。目前，通过开凿自流井和供水统筹，英国政府已经克服了这个困难。其实，缺水问题不仅困扰布尔难民营，也给英军营地带来了同样的麻烦。

所有难民营都一致认为，卫生问题是难民的生活习惯造成的，而指挥官和医生则一直在与陋习斗争。如果不能保证营地清洁，那么生活必将变得不卫生。难民早已习惯在广袤草原上享有生活习惯上的绝对自由，现在要强行改变，遭遇的困难可想而知。难民营医生的报告里充斥着这样的事例。

关于过度拥挤问题，在南非，帐篷供不应求。政府已经尽心竭力为妇女儿童提供住宿。自艾米莉·霍布豪斯小姐的报告发表以来，这一问题已经得到改

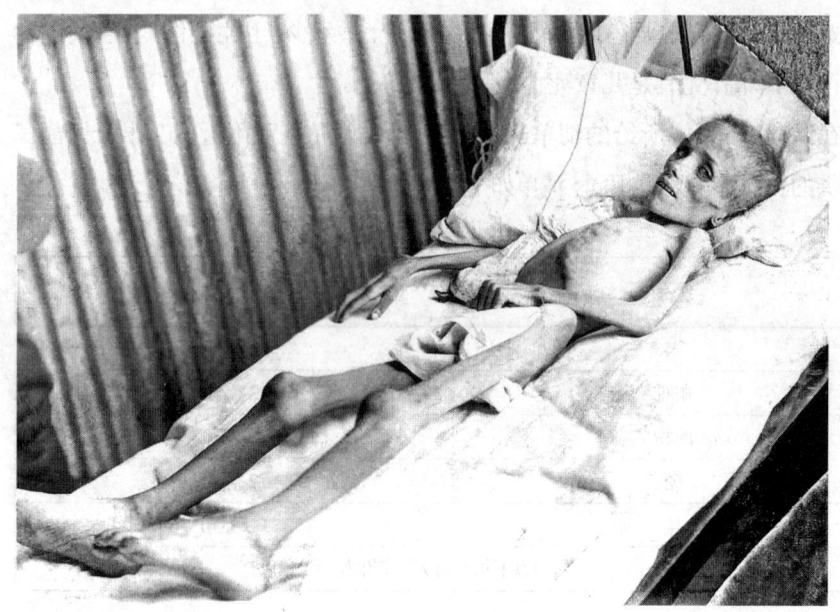

布尔难民营里的营养不良者

善。众所周知,在日常生活中,布尔人并不排斥拥挤的房间,而农舍的住户也常常习惯于大多数人无法忍受的条件。就卫生而言,帐篷不可能住太多人。而由于帐篷本身的环境特点,无论多么拥挤,都不会比房间更脏乱。

  所有这些问题的产生都存在一定的人为因素,而政府正在尽最大努力纠正。艾米莉·霍布豪斯小姐自己也承认这一点。她说:"我相信,他们尽管资源有限,但一直都竭尽全力。"这话说出后,就会显得她的报告毫无说服力。如果政府已经竭尽全力,那么我们还能说什么呢?唯一的办法就是解散难民营,驱散妇女。但在这种情况下,威廉·斯特德先生会带着标题为《鲜血与地狱》的文章来告诉我们这些妇女在草原上可能遭遇的可怕命运。两害权其轻,我更愿意接受艾米莉·霍布豪斯小姐报告中的各种问题,而不喜欢威廉·斯特德先生假设的无限可能性。有人建议将布尔妇女儿童安置在殖民地的亲属家里。事实上,这种方案也不可行。首先,没有人提出整体的住宿如何安排。其次,我们也没有办法执行。

  然而,随后难民营出现极大的悲剧——难民的死亡,尤其是儿童的死亡,令人遗憾。与马弗京、雷地史密斯和金伯利的婴儿死亡的情况相比,这场灾难更令人悲哀。但难民死亡可以避免吗?或者这只是一桩不幸事件,如同夺去了大批英军士兵生命的肠道传染病一样,超过我们现在卫生学的认知,而我们只能默默承受这样的结果?造成高死亡率的主要疾病的性质表明,它与难民营的卫生条件及我们能改变的条件无任何直接关系。如果死亡是源于环境不洁而引起的肮脏病,如斑疹伤寒,甚至肠病或白喉,那么难民营的卫生条件可能需要承担责任。但难民高死亡率的病因是严重的麻疹。难民营的医疗记录相当完整。现在,麻疹一旦在某个地区的儿童中传播,就完全不受饮食和生活条件的影响。唯一有效的措施就是隔离患者。病情早期被隔离儿童需要父母的合作。但在目前的情况下,出于本能,布尔人母亲更愿意陪伴在孩子左右。医务人员很难在疾病的最初阶段实施隔离,结果导致麻疹迅速蔓延。传染病致死率高还有一个原因,在从家到营地的颠沛流离中,难民不可避免地忍饥挨饿,因而许多患者本身的健康状况就堪忧。不仅母亲陪伴患儿造成了疾病的传播,而且母亲病急乱投医,经常给孩子用土法治疗,而这比疾病本身还致命。某些儿童死于砷中毒,因为他们被从头到脚涂上了绿色油漆。还有儿童死于鸦片中毒,因为庸医给他们吃了含有鸦片酊的药。肯德尔·弗兰克斯医生说:"不管是在波切夫斯特鲁姆还是在艾琳,死亡率上升主要源于患儿父母本身的无知、顽固和脏乱的生活习惯,而不是疫情本身。"然而,无论儿童大量死亡的直接原因是什么,这场悲剧给英国带来的不仅是沉重的道德负累,而且是对建立集中营初心的打击。实际上,本来南非的儿童死亡率就相当高,而难民营里的儿童死亡率常常低于难民营所在城镇。只有这点能让人稍感慰藉。

尽管如此,我们不能否认暴发麻疹的原因与我们将妇女儿童集中到难民营无关。但他们为什么会被集中到难民营?因为他们不能留在草原上。他们为什么不能留在草原上?因为我们破坏了他们的所有生计。我们为什么破坏他们的生计?因为我们要减少布尔游击队的突袭与破坏。在每一场悲剧的最后,我们又被迫回到悲剧的共同起源,不得不意识到布尔人固执地坚持一场毫无用处的游击战,不仅为英国增添诸多麻烦,同时为自己埋下了毁灭的恶果。

在难民的问题上，我们一直奉行人道主义，结果我们对布尔难民的照顾远好于对朋友的照顾。我承认，这两种情况并不能一概而论，因为布尔难民被迫住进难民营，而亲英派难民则不然。但事实是，亲英派本身并无过错，却变成难民，不得不住在难民营，而他们的处境比布尔难民还要糟糕。例如，在开普的东伦敦有两个难民营，一个是布尔人难民营，有三百五十人，另一个英国人难民营，有四百二十人。与英国人难民营相比，布尔人难民营的吃穿住标准更高。布尔人难民营还有医院、学校、洗衣房，而这些英国难民营都没有。伊丽莎白港有一个布尔人难民营。一个荷兰代表团带来五十英镑，打算改善布尔人难民营生活条件，但离开这里时一分钱也没花出去，因为根本用不着。伊丽莎白港的布尔人难民营和英国人难民营是由同一个人提供餐食。布尔人的标准是十五便士，而英国人只有八便士。这些才是某些人说的《野蛮行径方法论》。

现在，我将引用英国人和布尔人对集中营表达的意见。我只见过一名英国人赞同艾米莉·霍布豪斯小姐对集中营的评价。阿尔杰农·梅休因的著作《南非：和平还是战争》的附录中引用了一位女士的观点。这位女士姓名不详，与艾米莉·霍布豪斯小姐持相同观点，坚称难民营饮食不足、燃料缺乏、被褥不足。对于这两位女士的看法，作为回应，我想简明扼要地引用来自双方证人的证据。

约翰内斯堡公理会和布尔市民难民营的秘书J.S.西顿先生说：

> 您发给我的报告让人怒火中烧。报告内容夸大其词。许多例子没有反应真实情况，极具误导性……很难找到一个更健康、更舒适的地方做难民营……根本没有人员过多拥挤的问题。
>
> 几周前，难民营中暴发了严重的麻疹疫情，导致大量儿童死亡。医生和护士竭力救治。现在，我很高兴地说我们最终消灭了疫情。毫无疑问，这次疫情导致下议院和其他部门出现了支持布尔人的言论。但在关押布尔人的难民营，麻疹变成我们无法预防的传染病之一。难民不愿意使用公共厕所，而官员们想推行最普通的洁净标准也困难重重。将生病的孩子送往医院，也会遭遇阻挠。患儿的父母宁愿尝试老妇人的土方也不愿意听

阿尔杰农·梅休因

医生的建议。如您所知,这些老妇人有许多这样的土方。医生的处境极其艰难,工作起来像奴隶。几乎所有的死亡原因都是麻疹。今年冬天相当温暖。但大约三个月前,天气异常严寒,而难民却习惯户外生活。天气并不比他们之前习惯的更糟糕。帐篷都是军用帐篷,没有漏风的迹象。难民刚来到这里时,只要可能,就都想住帐篷。总的来说,难民十分满足,孩子十分高兴,从早到晚嬉戏玩闹。

卫斯理公会牧师R.罗杰斯写道:

不了解布尔人生活和风俗习惯的人来调查布尔人难民营有什么用？据我亲眼所见，我可以毫不犹豫地说，比起布尔人用泥巴和枝条盖起的小屋的泥墙，现在大多数布尔人的吃穿住都比以往要好。

营地士兵之家的奥斯本·豪先生说：

我们不做判断，我们只陈述事实。当建立第一个难民营时，我们身处其境，同时见证了其他难民营的出现。我们承认难民营中夹杂苦难，但我们郑重声明，难民营的负责官员迫切想使无助的难民尽可能舒适地生活。我们亲眼所见，一箱箱、一捆捆物资运送给难民。我们也知道，为了加快难民物资的运送，军队储备和军需品的运送都被排在后面。

长老会牧师R.B.道格拉斯写道：

我很高兴看到你们并未相信由反英派煽动传播的对待布尔难民既残暴又残忍的故事。但你们要求进一步了解的情况确实有一点值得注意，即布尔游击队和非布尔游击队家属之间的差别待遇问题。我可以这样说，他们之间的差异只是每周两盎司咖啡和四盎司糖。即使这种差别待遇也在三月中旬就完全取消了。为此，当地的荷兰委员会分发慈善机构筹集的六十箱衣物时，拒绝将衣物分发给非布尔游击队家属。他们说这些物资要分给为国效力的人的家属。

约翰内斯堡的冈特利特夫人写道：

我读了你寄给我的英国报纸上关于虐待布尔难民家庭的报道。我既惊讶于传播谎言之人的邪恶用心，也意外于有人居然轻信这样的谎言。这里的德国人、法国人、美国人，甚至许多荷兰人，均认为正是由于政府对布尔人的过度宽大和慷慨让战争越拖越长。比勒陀利亚难民营的一名荷兰女孩向护士说，过去七个月他们的食物根本比不上这里英国人提供给他们的食物。

比勒陀利亚难民营秘书苏塔先生写道：

布尔妇女和儿童得到了他们所需的一切食物，还享受着各种美食，如牛肉清汤、浓肉汤、果冻、白兰地、葡萄酒，并且有训练有素的服务员在旁照顾。难民营不仅满足了难民的基本要求，而且连他们一时的"时髦"追求也有所考虑。

德兰士瓦难民营督察N.J.舒尔茨先生报告说：

很多孩子刚到难民营时，简直瘦得皮包骨头。由于身体极其虚弱，他们感染麻疹时，很难有抗病能力。这一点也不奇怪。许多妇女不愿打开帐篷让空气流通。她们宁愿给孩子用家传土方，也不愿意用军方提供的适当药物。母亲不给孩子擦洗身子，而最困难的是说服她们将病童送进医院。麻疹儿童死亡率高还有其他原因。一旦麻疹消退，母亲就让孩子出去玩，结果肺炎和支气管炎接踵而至。即使医生明令禁止，母亲依然坚持给孩子吃肉和其他难以消化的食物，导致儿童又患上痢疾。除此之外，难民的整体健康状况良好。五千人中仅一例伤寒。

下面是克鲁格斯多普难民营的观点：

1901年7月31日，路透社在约翰内斯堡的特别报道局——克鲁格斯多普附近的布尔指挥官亨德里克·亚伯拉罕·艾伯茨致信克鲁格斯多普的英军指挥官，说最近布尔游击队中几名男性士兵投降了，他想知道英军是否

布隆方丹的布尔人难民营

难民营中的布尔人妇女、儿童

会接纳这些士兵的家眷，因为他们想去克鲁格斯多普。英军指挥官回答说十分乐意接纳他们，他们可于今日到达。

布尔人的这一行为清楚地表明，布尔人家庭本身并不反对难民营，因为在难民营里，所有一切均为了提高生活舒适度。布尔人也不再反对我们的照料和保护。

来自斯普林方丹的路透社记者说：

> 我今天参观了这里的布尔人难民营。里面共有二千七百名难民。难民营位置优越，布局合理。我与几个难民沟通，没有听到任何抱怨。他们对难民营的待遇表示满意。医院的安排非常好。难民很少生病。

开普殖民地阿伯丁的荷兰牧师萨利尔斯先生被派往伊丽莎白港难民营视察。他说：

> 我写这篇文章是为了表明英国政府正竭尽全力帮助流亡者，尽管这些流亡者的亲朋好友仍然在战场作战，但英国当局对流亡者既仁慈又大度，对我们没有敌意。人们对此充满感激。我希望民众明白，在到访时，我可以随意与难民私下交谈，因此，如果难民有什么抱怨，我完全可以听到。赫斯先生允许我四处参观，完全信任我。对此，我十分满意。如果难民营有任何问题，那么我一定可以听到。我一直认为，军方将流亡者送到难民营是为了自己的安全和利益，而流亡者们却因祸得福。我相信这一点将来一定会得到人们的认可。

第二龙骑兵团哈罗德·赛克斯少校的报告如下：

> 我建立了第一个难民营。当我离开时，难民营共收容近六千名妇女和

儿童。所有关于难民营残酷和不人道的指控都是污蔑性的恶劣谎言。更糟糕的是，谎言中还透露着可悲和卑鄙。大部分布尔人妇女和儿童的生活状况比以往任何时候都好。对他们唯一称得上残忍的事情是，政府坚持要求难民营保持干净，执行适当的卫生条例。对布尔人而言，这些规定极其陌生，因而他们很不情愿接受。我已见证过难民营的全部情况，完全可以驳斥最近公开集会和下议院提出的所有恶意指控。

1901年11月1日，克龙斯塔德难民营的一名军官写道：

> 我们为难民准备了板球、网球、槌球。他们乐在其中。除了娱乐活动，他们每周还有两次乐队演出，前些日子还举办了音乐会。

这就是威廉斯·特德所说的"我们将妇女和儿童关在铁丝网围绕的集中营里，用酷刑慢慢将他们折磨死"。一件事如果总被描绘成这样，还能是好事吗？现在谈谈布尔人的看法。
指挥官亨德里克·亚伯拉罕·艾伯茨写道：

R.L.沃尔特少校

于博克斯堡

尊敬的先生：

　　我必须向您和博克斯堡的其他官员表示衷心的感谢，感谢你们给予我妻子的极大善意，同时希望有朝一日我能回报您。

　　愿我们有私人会面的机会。

您忠诚的仆人

指挥官亨德里克·亚伯拉罕·艾伯茨

一位荷兰牧师写信给约翰内斯堡布尔人难民营的指挥官斯诺登上尉："先生，受荷兰归正教会委员会的指示，我向您传达该委员会对您的感谢，感谢您对所负责难民营的妇女和儿童的同情和照顾。"

克龙斯塔德难民营的一百名男性布尔难民表达了以下观点：

> 我们还想对阁下表示衷心的感谢，感谢您对我们年轻一代教育的关心。我们相信，您的努力一定会见到成效。在英国的领导下，正在成长的一代一定会成为敬畏上帝、诚实、忠诚的公民。然而，我们要遗憾地指出，尽管我们可敬的管理人员和医生竭尽全力，但这个营地每天仍会发生诸多染病和死亡病例，但我们仍希望并且相信阁下一定会竭尽全力改善这个营地的卫生和健康状况。
>
> 我们相信，在艰难环境下，我们可敬的管理者为改善我们的福祉所做的努力将会得到您的赞赏。令我们高兴的是，在这个难民营中，忠诚的精神日益增强。大多数男性难民已宣誓效忠英国。

一位投降的布尔人达达德利·基斯先生写信告诉自己的哥哥：

> 我已经在难民营待了七月。这段时间足以让我反省。生活的波澜不惊让我有了足够的思考空间。你无法想象我们多么渴望生活能安定下来。看到所谓亲布尔派要扭转不可避免的自然历史进程的每一次行动，你也无法想象我们对此多么厌恶、焦躁。
>
> 如果你知道我们所有投降的人都已经意识到我们才是侵略者，我们的政治家才应该为我们目前的困境负责，那么你听到一个曾经的荷兰人说这些就不会感到惊讶。当然，许多布尔人永远不会从这个角度看待问题，而他们的看法也不是思考和反思的结果，而是赤裸裸的无知。
>
> 当艾米莉·霍布豪斯小姐参观这里时，我经常看到她四处走访。为了一件衣服或一双靴子，有些布尔女性什么都可能跟她讲。如果她和我们一

样了解我们的同胞,她的报告就不会那么长。现在,英国政府派出委员会来调查。嗯,当委员们看到难民中的妇女和儿童时,他们自然会为妇女和儿童感到难过。谁不会？但只要他们记起这是战争而非野餐聚会,那么回国后,他们就会使英国人民感到满意,因为我们需要的只是和平,并且是持久的和平。

达达德利·基斯先生补充说：

尽管我们的人民没有表现感激之情,但英国政府仍然继续改善难民营,减少我们的生活困难。这都体现在经常发表在英语报纸上的统计数据中。当我听到我们的同胞抱怨时,我常常会想,如果身份颠倒,我们将如何对待英国人呢？我必须承认,如果出现这种情况,英国人的待遇定肯定不如现在的我们。

在一封信中,一位来自彼得马里茨堡的布尔妇女说：

我们的待遇很好。抱怨的人肯定在撒谎。

在她的第二封信中,她说：

我没有什么可抱怨。

在伊丽莎白港难民营中,布雷涅恩特夫人写道："如果我们要抱怨,那肯定是假话。据我所知,所有关于虐待难民的报道均不真实。"在伊丽莎白港难民营中,有一位来自亚赫斯丰坦的妇女炫耀说曾用左轮手枪对着两名手无寸铁的英国士兵开枪,但这的确是事实。

这些证据驳斥了艾米莉·霍布豪斯小姐的报告及比勒陀利亚匿名女士的

说法。公正地说，我们必须承认，有些难民营确实应该受到批评，也正如我们预料，随着时间的推移，它们会变得更加完善。但我相信，看过这些证据后，每个公正的人都能明白英国政府在困难情况下已经竭尽全力实施最人道的救助方案。如果不是这样，那么产生的后果会让文明国家避而不及。

1901年年底，人们想将难民迁到海边以减少死亡率。然而，由于许多难民不愿离开自己的国家，而他们进入难民营时，英国也曾承诺不会这样做，问题因而变得非常复杂。愿意离开的人搬到了南部的难民营，在东伦敦、伊丽莎白港和德班附近的米尔班克得到安置。一时之间，这些地方难民营的人数大增。在一份官方文件中，约瑟夫·张伯伦指示难民工作要"不遗余力"。在蓝皮书中，我们发现阿尔弗雷德·米尔纳爵士和约瑟夫·张伯伦商讨降低死亡率以及增加难民营舒适度的措施。

如今，欧洲大陆和美国广泛传播一张照片，照片上面的布尔孩子骨瘦如柴。这张照片成为难民营恐怖生活的证据。难民营里有许多如此赢弱的孩子。这并不奇怪，因为他们来时基本都是这个样子。然而，据我所知，这张照片是英国政府在对孩子母亲虐童案的刑事审判时拍摄的。这一事件也反映出，这种不择手段的策略一直被用来毒害世界人民思想，反对英国。

第 8 章

在南非作战的英国士兵

精彩看点

英军士兵的纪律——卡雷尔·马丹——戈登高地团——《自由瑞士报》——奥斯本·豪夫妇——《人民冲锋报》——H.D.范布鲁克赫伊——《洛桑公报》——《德意志评论报》——南非拿撒勒姐妹会——《地狱全景一瞥》——"L.博塔夫人案"

在总结士兵的性格时，弗雷德里克·罗伯茨说，士兵的行为如同绅士一般。我认为他的说法毫不夸张。当战争中的敌意渐渐平息后，布尔人也会赞同这样的说法。英国士兵每日面对的问题十分棘手，因为游击战给铁路运输带来了很多麻烦，令人气愤，但英军将士竭尽全力缓解、弱化战争的野蛮。然而，他们的处事方法遭到英国国内政客、国外无知之人或居心不良之人的攻击。让我们来看看证据。

英国军队中有许多外国武官。他们其中是否有人对英军士兵的纪律感到不满？他们的报告中并没有相关指控。在布隆方丹，美国代表约书亚·斯洛克姆上尉写道：

> 英国人过于仁慈。我坚信，如果英军第一次进入首都时即采取更严厉的措施，将布尔人完全击溃，那么战争时间也会大大缩短。

法国武官说："在这次战役中，我最钦佩的是你们士兵的行为。他们每天在这个枯燥的国家跋山涉水，日日交战，白天酷热，夜晚严寒，没有酒，也没有女人。换成欧洲任何国家的士兵早就兵变了。"

英国军队中有几名外国随军记者。其中唯一的法国人卡雷尔·马丹先生曾是

朱利安·拉尔夫

布尔人坚定的支持者。读过他的书《史诗全集》就知道,他强烈反对英国的政策及政治家。他的眼睛总是盯着英军的缺点不放,但他整本书都在大肆赞扬英国士兵的奉献精神和军官的骑士精神。

还有三个美国随军记者——也许人数更多,但我只知道这三个。他们是朱利安·拉尔夫、詹姆斯·巴恩斯和弗雷德里克·威廉·昂格尔。前两位对英军的人道主义和纪律印象极其深刻,尽管我相信朱利安·拉尔夫和约书亚·斯洛克姆上尉一样认为有时英军有点过犹不及,但弗雷德里克·威廉·昂格尔先生的文章对战争的印象恰好证实了同样的观点。

所有不偏不倚的目击证人都形成统一的观点。至于英国记者的观点,我不再详述。我恰好有机会认识每一位英国记者,虽然其中几位绅士对布尔人有侠义心肠及理想主义的同情,但我不记得他们对英军士兵的任何行为曾感到震惊。

我或许可以呈上自己的证言。怀着对布尔人的深切同情，我去了南非。我一直坚信，在战场上，我会发现士兵与和平时期表现完全不同。在布隆方丹，我待了近三个月。当时，有一万人到三万人在城市周围扎营。那段时间，我只见过一个醉酒的人。当我在比勒陀利亚和约翰内斯堡驻留的短暂时间内，我从没见过一个醉汉。我曾经听说一个英军士兵打了一个布尔男子，因为布尔男子拒绝在英军士兵战友的葬礼上脱帽致敬。我从未亲眼看到英军士兵发怒的样子。与军官私下讨论时，我也从未看到他们发怒。我亲眼看到二十名布尔人在被捕后五分钟内，有英国士兵给他们递香烟。在非洲时，我只听过两起妇女袭击案，而罪犯都是黑人。英军立刻为受害妇女报了仇。

艾米莉·霍布豪斯小姐见了许多难民。其中许多人自然对英国非常不满。她讲述听到的故事时毫无保留，但没有一个故事出现过激行为。她说，有一名妇女被一名醉酒的士兵踢了一脚，但她补充道，这名士兵后来受到了处罚。

斯普林方丹难民营的难民马尔特曼先生来自菲利波里斯。他写道："这里所有的布尔妇女都认为她们得到了难民营能提供的最高标准待遇。"

下面是一位市民的妻子戴维斯·范·尼凯克夫人的证词：

请允许我为英军仁慈对待荷兰妇女和儿童提供证词。作为一个德兰士瓦市民的妻子，自1897年以来，我一直住在克鲁格斯多普，直到三周前。1901年6月，克鲁格斯多普被攻占。从那时起，城里城外涌来很多人。事实上，好几次人数可以达到一万或更多。他们来自不同部队，有英格兰人、苏格兰人、爱尔兰人及各殖民地的人。

有几次，街道上、为数不多的商店里挤满了士兵。即使镇上最安静的时候，也可以见到大量士兵出没。妇女们起初很害怕，但很快就发现，可以像平时一样自由活动，不用担心受到骚扰。在整整六个月的时间里，我从未听过或见过任何女性受到不尊重的对待。军官和士兵对女性恭敬，对儿童和蔼可亲。

1900年7月，在我家门前的草地上，戈登高地团驻扎了一周时间。营地

布尔战争中的英军士兵

就在城镇郊外。那段时间我丈夫不在家,家中只有我和孩子。最近的营地离我家大门不到十几码,但从来没有人滋扰过我家。家里连一块木头都没丢。

我可以列举出更多事例,但我想没有这个必要。如果没有亲眼所见,那么我不会相信在交战对手的土地上,胜利一方的军队表现得如此具有人道主义精神,考虑周到。在过去的六个月里,在克鲁格斯多普这样的地方,人们无法公开评价英军的行为,但如果英军在克鲁格斯多普是这样做,那么他们在其他地方的行为是否会完全不同呢?

这是一位妇女的证词。下面是一位有特殊机会研究英军行为的老市民从男性的角度对英军的评价:

请允许我在这里一次性说明，在整个战争期间，几乎所有阶层的英国军官都来看望过我们。人数相当多。他们对我们非常友好和礼貌。他们也知道我是布尔市民，而我的几个儿子正在为争取我们国家的独立而与他们斗争。

我再回到"英国士兵"的行为问题。我们见过无数车队。有些车队长度超过十六英里。里面有大量布尔囚犯及其家人。他们要被运送到比勒陀利亚。目之所及，都是英国士兵。有的照看马车，有的一言不发地在尘土飞扬的路上行进。有时他们在齐脚踝深的泥地里行军。他们从没有粗暴对待妇女儿童。虽然人们常提到这些事，但我们从可靠的朋友和自己孩子那里听到的却是相反的叙述。

在休息期间，英军士兵是你能想象到的最好的人。他们烧开水，使出浑身解数照顾孩子，安慰心碎的母亲，随时准备帮助每一个病人。在我们的农场，他们自愿帮助我们救活快淹死的牲畜，帮我们搬死猪，甚至帮我们将跑出去的牲畜赶回圈中……他们会想尽办法帮助我们。他们不是为了报酬而做这些事，完全是出于好心。

先生，这些都是无可争辩的事实。我已尽可能准确地陈述，便于您的读者得出自己的结论。

一位老市民
1901年7月
于德兰士瓦的勒斯滕堡

《自由瑞士报》上发表了一个瑞士年轻人的来信。内容冗长，充满了探究的渴望。在整个战争期间，他都住在奥兰治自由邦塔巴恩丘的农场。在信里，他讲到当地驻军的生活。他的判断和评论都不偏不倚：

他们经常来访，发出邀请，组织野餐。在城里，他们组织慈善音乐会、舞会、体育比赛和赛马。奇怪的是,即使处于交战状态,如果没有日常体育活动,英国人就好像一天都过不下去。而被俘虏的人不仅丝毫不反感参加胜利者的比赛,而且不反对与胜利者交往。

这种情况与军队残暴的传说是否一致?在传说中,非洲似乎出现了一个人间地狱。

奥斯本·豪夫妇是南非营地士兵之家的负责人。对于南非的英军,他们的所见所闻与大多数人一样。他们还持有批判性眼光。以下是他们得出的结论:

> 我们的员工分散在德阿尔和比勒陀利亚之间。他们和我们一样,都没有听说过英军的任何暴行或虐待事件。所有人愤怒地否认了对英国士兵的指控,并给我们讲述了英军士兵帮助无助妇女儿童的若干事例。
>
> 至于我们自己看到的情况,即使跟女学生讲也并无不妥。
>
> 在奥兰治自由邦时,我们身处焚烧农场的地区,目睹了弗雷德里克·罗伯茨发布声明试图减轻人民的痛苦。我们看到军官们一直等到农民理解了这些重复的警告——不管多么不情愿。最后,军官和农民一起焚烧农场。关于对手没有采取明显的反动行动我们就焚烧农场的情况,我们从未听说过。
>
> 据报道,一个大城市贫民窟的荷兰传教士住所发生了暴行。经过个人调查后发现,这并不是什么暴行。年轻士兵敲门,门打开了。士兵进入房子,但发现屋子里都是妇女时,就立刻离开了,并未拿走或破坏任何东西。然而,报道歪曲真相,滥用"暴行"一词。这些报道流传到开普殖民地的一个地区,煽动起仇恨和反叛的火焰。因此,报道中说的"暴行"甚至连普通攻击都算不上。
>
> 也许有人说,我们对士兵的爱扭曲了我们的判断力。我们会说我们更爱上帝,我们更爱真理而不是士兵的荣誉。如果故事还有另一面,那么我们不会隐瞒。

一般的事实陈述到此为止。但如果想证明事实的反面,必将十分困难。让我们将注意力转到搜集具体事例上来,看看情况如何。其中一起案件发生在战争初期。当时有人说,在北纳塔尔有两次袭击妇女事件。以下可以证实,这是板上钉钉的谎言:

> 应纳塔尔主教的要求,纳塔尔殖民地邓迪地区的牧师杰拉德·奇尔顿·贝利调查真相。在邓迪,据传贝斯特一家四名女性被英军士兵凌辱。牧师询问贝斯特的岳父雅克布斯·马利兹——该地区最有影响力的农民之一。雅克布斯·马利兹对他说:"好吧,杰拉德·奇尔顿·贝利,你找我是对的,因为我们家①是本地唯一的贝斯特家族。你可从我这里得知,这些故事不过是一堆谎言。"
>
> 据称,在邓迪发生的另一起案件没有记录具体的名字。唯一的细节描述是其中一名男子身着戈登高地团军服。对此,杰拉德·奇尔顿·贝利的回应是:"如你所知,在战争期间,戈登高地团并没有驻扎在邓迪。"

1900年5月的一项政府声明是对各种诽谤的有力回击。在《人民冲锋报》上,德兰士瓦共和国政府发表声明,建议每个参战市民将家人留在农场,因为英军给予妇女儿童最大限度的宽容和尊重,希望以此减轻留在农场妇女的恐惧。我们知道,保罗·克鲁格和保罗·博塔将军均是按此建议行事。他们将妻子置于我们的保护下,而他们继续与我们作战。在法国马赛,保罗·克鲁格说我们对妇女和儿童发动战争,而当时兢兢业业守护他体弱多病妻子的正是英国士兵,连路人都不被允许好奇地盯着窗户看或给他的住所拍照。

H.D.范布鲁克赫伊费尽心思引起的诽谤英军事件出现了一段平静期。H.D.范布鲁克赫伊是比勒陀利亚的一位牧师。与大多数荷兰牧师一样,他是一位狂热的政治家。他曾虽然已经在释放时宣誓承诺克制自己的言论,但仍然在布道时传播煽动性的政治言论。后来,英国政府建议他离开非洲,并且让他免费乘

---

① 贝斯特太太是他的女儿。——原注

船前往欧洲。他在《比利时独立报》上发表了一篇文章,以此作为抵达欧洲的信号。在文章中,他称百分之三十的布尔女性被英军凌辱。以他这样的身份发出的指控立即在欧洲引起一片恐慌。了解英军的人则既愤怒又怀疑。这篇文章被转至比勒陀利亚进行调查,其中有前瑞士驻比勒陀利亚领事M.E.康斯坦斯先生的非正式评论。在整个英军占领期间,他都在比勒陀利亚:

> 洛桑的报纸竟然刊登如此令人厌恶和肮脏的谎言。对此,我深感震惊,并且深恶痛绝。
>
> 从始至终,整篇文章一派胡言。而作者作为传播福音的牧师,应知道不该做伪证,从而玷污自己的身份。
>
> 我在比勒陀利亚及其周边生活了十八年,认识这个地区几乎所有布尔家庭。但对我而言,H.D.范布鲁克赫伊提到的被士兵侵犯的妇女名字十分陌生,肯定不是布尔人的名字。
>
> 自英军进入德兰士瓦以来,我经常在整个比勒陀利亚和沃特堡部分地区穿梭。在出行的日子里,我常在布尔人家里过夜,在沿路的房子里歇脚。这些家庭里男人大多正与英国人作战。农场中只有妇女和儿童。在任何情况下或任何地方,我从未听到他们对英军有所抱怨。但偶有农场丢失几只家禽、围栏被拔出来当柴烧,在士兵行军中,这在所难免。妇女对士兵们赞美无以言表,因为他们对女性充满敬意。每当英军在住宅附近设立营地,军官们总会在房屋周围设置观察哨,以防有人盗窃。无论贫富,女性均被视为尊贵的女士。
>
> 布尔女性之所以对英军不吝赞美之词,是因为她们根本想不到胜利者会给予她们如此宽厚的待遇。
>
> 我们的小镇被划分为若干行政区。如果妇女和儿童无人供养,均可得到食物。一个行政区里大约有五百名妇女和儿童接受英国政府的粮食救济,尽管他们家里的男人仍在与英军战斗。在城里,英军的行为令人钦佩。所有小酒馆都关了。在过去的六个月,我只看到两起士兵醉酒事件。

这里的瑞士侨民较少,但我相信他们每一位都会赞同我的说法。

许多人可能会同情布尔人,但无论如何,战争中展现的人道主义精神永远归功于英军将士出色的表现。

与这这篇文章同时出现在《洛桑公报》上的还有另外一篇文章,也是调查的一部分。作者是来自比勒陀利亚的长老会牧师格雷。他写道:

几天前,我收到贵报1901年11月17日发表的《非洲的英国文明》一文的摘录。文章主要内容来自比勒陀利亚布尔人牧师H.D.范布鲁克赫伊署名的文章。请允许我向您保证,文章中所有关于英国士兵暴行的指控均是无稽之谈,是一种毫无根据的恶意诽谤,在战争史上很难有事与之相提并论。很难想象作者的动机是什么,但显而易见的是,他的动机过于强烈,罔顾事实与真相。

看到贵报这篇文章,我立刻出去打听对英国士兵如此猛烈的抨击有什么可靠的依据。我在比勒陀利亚生活了十一年,认识许多布尔人。我咨询过的人均向我保证,他们不知道有英国士兵侵犯妇女的事情。倒有这样一个传闻,但从未得到证实,因而我认为这个传闻的真实性十分可疑。即便出现士兵粗鲁行为的个案,在战争期间也不足为奇,但这不能成为诋毁整个英军的理由。然而,令人惊讶的是,在这个国家,人们只听说英军克己守礼,对女性十分尊重。

对此,H.D.范布鲁克赫伊的回应不堪一击。他说在比勒陀利亚从未有过叫M.E.康斯坦斯先生的前领事。《洛桑公报》随后指出,M.E.康斯坦斯先生非常有名,多年来,他一直担任这一职务。该报还指出,如果H.D.范布鲁克赫伊连如此简单的情况都不了解,那么对于更具争议性的事件,他的正确性也令人怀疑。因此,又一件"冤假错案"得到纠正。但由于这件事流传甚广,许多传播的人可能根本不知道最后它被证实为伪。尽管看起来令人难以置信,但1902年,威廉·瓦伦丁博士还是在文章中引用了这个臭名昭著的谎言，发表在《德意志评论报》上，并且丝毫没有提及1901年驳斥谎言的调查。

现在，我们来看看爱丽丝·布龙小姐的证词。爱丽丝·布龙小姐是一位敬业的比利时护士，曾在战争期间为双方服务。因此，她的话具有相当的参考性。以下是她报告中的几句话：

> 我经常听到有人说英国士兵是伦敦的败类，都是犯罪分子，但他们的行为让我大吃一惊。

这是一位在非洲草原上工作了两年的女士的观点。

以下是爱丽丝·布龙小姐的讲述：

> 他们懂得尊重别人，也充满感激之心！晚上去医院时，我一点也不害怕。哨兵盘问时，如果发现是我，会立刻恭敬地请我原谅。
>
> 我再也见不到他们，感受不到他们的真挚感情、对他人的尊重及自信。在这一方面，我能想起可怜的士兵们许多细腻的情感表现。
>
> 一名受伤的英国士兵谈到俘虏。他说："护士小姐，我很高兴我们俘虏了这么多战俘。"
>
> 我问他"为什么"，但心里害怕听到仇恨的话语。
>
> 他说："哦，我很高兴是因为我知道战俘至少没有死伤。这样他们不会留下妻儿，也不会像我们一样承受伤病的痛苦。"

她描述了遇见阿奇博尔德·韦维尔将军时的情景：

> 他说："我来保护你们。"
>
> 我们微笑着鞠躬。我想："将军，我太了解你们的士兵了。我们根本不需要什么保护。"

阿奇博尔德·韦维尔

但战争可以让交战人员变得残忍。因此，我们有必要听听在战争接近尾声的1901年年底，爱丽丝·布龙小姐当时的印象。她提到了与一个布尔人的谈话：

> 他脸色苍白，是一位真正的"绅士"。他五十三岁，是十一个孩子的父亲。我说："我想对你说的是，你们所做的一切在任何其他战争中闻所未闻。在世界任何一个国家里，从未发生过这般卑鄙的行为，比如杀死举白旗投降的人。"
>
> 他说："您说的没错，护士小姐。"
>
> 我说："既然我们谈及此事，我要说我十分明白你们在保护自己的国家，但我不能原谅你们恶意诽谤英军。"
>
> 他说："我们只是重复听到的事情。"
>
> 我说："不，你们膝盖上放着《圣经》，以上帝之名祈祷，但你们所有人都在撒谎。你们也知道自己在撒谎。你们的谎言让所有欧洲人相信英军都是刺客、小偷，而你们看看他们怎样对待你们！"

她接着讲了英军给布尔人的待遇。可以看出，这些病人并非布尔人中的战斗人员，而是开普叛军，随时可能被处决。下面是手术后的饮食：

> 在八天或十天内，患者可以大量饮用上等法国香槟，然后是干邑白兰地，最后还可以选择波特酒、黑啤、淡啤酒。每天吃五至六个打在白兰地或牛奶里的鸡蛋。这才是完整的一餐。虽然我觉得十分不错，但其实他们连一半都吸收不了。

她说："这是另一个英军'残暴'的例子。据欧洲报纸报道，英国屠夫就是以这种残暴手段进行战争的。"

南非拿撒勒姐妹会是超越政治和种族偏见的团体。以下是会长公开发表的言论：

> 我每次都收到许多信，但信中没有一个词对士兵行为有责备的意思。我们在殖民地各个角落的姐妹经常与不同层级的英军接触。她们对普通英国士兵一直表现出的礼貌、友好及良好行为赞不绝口。

布尔情报人员掌握着特勤资金，对欧洲新闻界施加影响。他们向世界传递的英军形象与上文完全不同。他们源源不断地歪曲事实，甚至以谎言蒙蔽欧洲人，使英国与德国之间产生了长期的、深刻的裂痕。

有人指控英军杀害女性。幸好战争中本来就没有太多女性死亡，因为只要有女性在农场，农场里就一般有男性。事实上，连女性受伤的事件也很少。有一名布尔女士兵在雷地史密斯外的阵地上被打死。当时，她手里拿着步枪。第二个死亡的女性则是著名的"弗劳·埃洛夫案"中的人物。她也是众多漫画、社论的素材来源。"弗劳·埃洛夫案"是指英军残酷杀害保罗·克鲁格总统的侄女。《柏林日报》对此进行了报道。其中有很多艺术性描写。详情如下：

看到自己的妻子倒地后,布尔人勉强抬起上身,想跑去救她,但那些没有人性的英军牢牢抓住他。英军跟他说,他妻子被射中太阳穴,无论如何都会死,然后他妻子就被丢在那里。夜晚,他听到有人呼喊他的名字。那是她妻子在叫他。历经十二个小时的痛苦后,她还活着。等他们到达勒斯滕堡时,她已经死了。她正是保罗·克鲁格总统的侄女弗劳·埃洛夫。

除了对保罗·克鲁格总统家庭所遭受的痛苦表示同情外,该报道重新唤起所有人对英军战争暴行的痛苦感受。

许多报纸以不同方式报道了这个故事。以下是赫伯特·基奇纳对此事的简单描述:

死亡名单里没有这个女性的名字。报道中提到的女性可能是范德梅尔夫人。当时,她的丈夫在农舍与我军交火,而她不幸遇害。范德梅尔夫人是弗劳·埃洛夫的表嫂。对这位女性不幸死于流弹,我们深表遗憾,但显而易见,她的丈夫要为引发此事的交火负责。

因此,又一个传闻烟消云散。然而,据我所知,1901年圣诞节,一位欧洲记者谈到他采访保罗·克鲁格总统时说"他因侄女死于枪下,身上披着黑纱"。难道不能是他因妻子过世而佩戴黑纱吗?

还有一个相似的谎言注定是同样的命运。这个故事称,1901年6月6日,雷茨附近的格拉斯潘发生小规模冲突。英国士兵用布尔妇女做掩护。这一题材也为英国漫画家提供了极好的素材。对于内心细腻的艺术家来说,一排排迷人的布尔少女在战场上被铁链拴着,嗜血的士兵则躲在她们身后——这样的画面太诱人了。这简直是一张完美的漫画,除了缺少事实这一项。以下是这个故事出现在一份德国报纸上的版本:

> 1901年6月6日，英军遭到布尔人袭击。英军将布尔妇女和儿童赶下马车，让他们走在前面，接近布尔人部队。英军士兵躲在妇女的胳膊下射击。八名妇女和两个孩子被布尔人的子弹击中。在看到这个情况后，布尔人立刻停止射击。布尔人像野兽一般叫喊着，冲破英军防线，像疯狗一样用枪托拼命打英军士兵。

到目前为止，能收集到的真实情况如下：1901年6月6日早上，J.R.F.斯莱登少校率领二百名骑兵击败了由一百辆马车组成的布尔车队。他俘虏了四十五名男性战俘，而车上都是妇女儿童。J.R.F.斯莱登少校命令部下停止进攻，等待英军主力亨利·波伏瓦·德·利尔的部队跟上来。在等待过程中，他们遭到皮特·德·韦特麾下五六百布尔人的猛烈攻击。英军躲进黑人的小屋子，绝望地反击。布尔车队上还有妇女。长龙一般的车队从这个村子绵延到平原上。布尔士兵将车队当成掩护，不断向村子逼近，导致车上的妇女儿童受到双重攻击。一名妇女和两名儿童遭到枪击，但无法确定是布尔部队所为还是英军所为。车队、俘虏最终仍掌握在英军手中。以此看来，布尔人用妇女作为进攻的掩护，而英军也用她们做掩护。在激烈的战斗中，也许双方更多考虑的是马车，而非马车上的人。

在米德尔堡的一起女性死亡案例中，当布尔人夜袭时，难民营的几个难民被意外射杀。加上上文的案例，这些是战争中所有已知的妇女死亡案例。然而，德国著名的报纸《喧声》毫不知耻地刊登出一张照片。照片上是一个被毁的农场，周围散落着若干死去的妇女，还有一个男孩被吊在树上。作为一份享有盛誉的漫画报纸，《喧声》开玩笑的程度应受到限制。

威廉·斯特德在《野蛮行径方法论》系列文章中加了新的一篇，名为《地狱全景一瞥》。文中详细讲述了J.斯波尔斯特拉庭审中的证据。J.斯波尔斯特拉是一名宣誓中立的荷兰人。后来，他将未经审查的文章投给一家荷兰报纸。文章大肆诽谤英军。他被控犯有诽谤罪，判处一百英镑罚款，但无须坐牢。在审判过程中，J.斯波尔斯特拉召集若干证人，支持自己文章中对英军的指控。根据证人的证词，威廉·斯特德先生写出了上面那篇吸引人瞩目的文章。

威廉·斯特德控诉的第一段不言自明:"英军在德兰士瓦共和国作战两年,无一案例证明英军有任何不当行为。相信这一点对于许多人来说都是虚伪的说词,包括支持战争的人。如果这是事实,我当然应该非常高兴。但如拉迪亚德·吉卜林所说,英军士兵不是石膏圣像,而是营房中的单身男人——或者在这种情况下,是军营中的单身男人,和所有其他男人一样。在英国,我们都了解这样的男人是怎么回事。即使在完全和平时期,众议院或伦敦新闻界没有一个父亲允许自己的女儿在一群士兵的陪伴下,在英国的公共场合彻夜不归。如果一

拉迪亚德·吉卜林

个父亲允许这样的事情发生，那么他的女儿就会被认为品行有失。这不仅是大家的共识，也是所有住在驻军城镇或军营附近的正派人士循规蹈矩的做法。那么，你能想象当同样的士兵挣脱文明的束缚，在其他国家随意烧杀掳掠时，他们会突然转变成另一种人，尊重对手的妻子和女儿吗？我的这种说法肯定不受欢迎。我早已听到尖锐的咒骂，说我污蔑为了英国利益而冲锋陷阵的英勇士兵。但我没有只字片语诽谤士兵，我只是说他们也是普通人。"

威廉·斯特德补充说道：

这一事实的确令人不快，但我们必须直面它，就像对待其他事情一样。每场战争毫无例外都让众多女性成为暴行的牺牲品，无论她们是已婚还是单身。这是战争不可避免的附带损害，也是战争地狱的常见现象之一。根本无法估计被英军伤害的妇女数量。

在世界上，从未有人在这样一件严肃的事情上用这样的论证方法！剥掉华丽词藻后，这一说法就等于说"二十五万士兵犯下了暴行。我怎么证明？因为他们是男人，因此肯定会犯下暴行"。在将骑士精神、责任感和其他高尚情感抛在一边后，威廉·斯特德并不知道，如果士兵做过这样的事情，遭到受害人指认，那么该男子的生命只剩下军事法庭审判他的时间了。难道士兵不知道这些吗？难道布尔人不知道吗？这是一种不可饶恕的罪行。布尔人难道是温顺的民族，不想复仇吗？如果士兵遭此严重指控，难道他的长官愿意承担包庇下属的责任吗？如果这种残酷的指控属实，那么受害人的名单在哪里？根本没有这样的名单，因为从未发生过这样的事情。

在审判事件开始之前，威廉·斯特德谈到十一名妇女宣誓作证，称她们受到英国士兵的侵犯。威廉·斯特德的描述令人毛骨悚然。有了这样的上下文，随意的读者自然会认为这十一名女性指控的均是性侵。威廉·斯特德接下来用的词是"如此可怕、可耻的事件"。但仔细研究她们的证词，十一个案件中的八个都和性侵没有关系，甚至其中大多数都不是犯罪行为。其中一个说英军挖出一个棺材，想看看其中是否藏有武器。英军虽然这次没有找到武器，但之前曾找到过。另一个是英军搜查了女病人的床，但其间并无任何不雅行为。另外两个女性则是在长途跋涉过程中一直被在马车中看管，但目击者说："在看管期间及之后，士兵并没有打扰这两位女士。他们也没有窥探马车内的情况。"威廉·斯特德先生将这样的琐事夸张成"可怕、可耻的事件"。

然而，还是有三个涉嫌袭击妇女的案件。其中一个案件的指控对象是情报部的某位先生。他的姓开头字母是E，结尾是n。现在，使用"先生""情报部"这样的描述会使人怀疑嫌犯是否是英军的一员。我们的推测是他不是军人，而是荷兰平民。适合这样字母组合的英国姓并不常见，而在荷兰姓中，埃塞伦或恩斯林非常普遍。这位女士说："我从未去情报部调查过他是否真正属于情报部。"这位女士补充说他是一位翻译。那么他一定是荷兰人。在这样的指控下，为什么不用他的真名？这难道不是一个暗示吗？

第二个案例是"古斯夫人案"。古斯夫人将她的不幸经历传达给H.D.范布鲁克赫伊，并对他产生了重大影响。H.D.范布鲁克赫伊曾因此宣称全国百分之三十的妇女都被侵犯。根据古斯夫人自己的说法，她显然受到粗暴对待，尽管她无法断言攻击者使用了极端手段还是攻击者的行为只不只极其粗鲁的话语。她的丈夫在证词中说："我见过许多士兵，他们行为良好，我对他们评价很高。"他还说，一名英国军官接受了他妻子的证词，而宪兵司令和军政总督都过问了此事。虽然没有明确的侵犯行为，但我们还是希望对手无寸铁的妇女无礼的男子能被指认出来并受到相应惩罚。

还有勒斯滕堡的L.博塔夫人案。如果L.博塔夫人的指控得到证实，那实在糟糕透顶。此案之谜在于，根据她的说法，一支英军在附近扎营，但她和丈夫都没有提出可以判处罪犯极刑的罪名。她愿意在法庭上讲述案情，就不存在害怕事情曝光的问题。但没有任何线索表明士兵是谁，甚至原告连案发日期都讲不清楚。在这种情况下，法庭该怎么办？军事法庭庭长对此案火冒三丈。这表明至少这种案件在南非的发生率不像威廉·斯特德说的那么高。军事法庭庭长大吼道："如果一个妇女遭受如此残忍之事，她丈夫做的第一件事难道不是冲出去将罪犯绳之以法吗？他应该为此冒上生命的危险，完全没有理由退缩。我们英国人并非野蛮的民族。"然而，她的丈夫没有采取任何措施。我们可以非常肯定宪兵司令一直密切关注此案。如果这个攻击者存在，他迟早会成为当地驻军进行纪律和人道主义教育的活案例。这就是J.斯波尔斯特拉审判。威廉·斯特德滔滔不绝地陈述了所有指控，但故意忽略了一个重要事实。人们耐心听完所有案例，却发现没有一个得到证实。

我认为以比勒陀利亚的荷兰归正教会领袖P.S.博斯曼牧师的话来结束这一章最适合：

> 我没有听说过比勒陀利亚的英军侵犯或强奸布尔妇女的事情。我询问了很多人。他们的证词与我一致。

然而，威廉·斯特德说，因为非洲有二十五万英军，所以他们肯定会侵犯或强奸布尔妇女。这样歪曲事实的论点还能再夸张点吗？我们要相信谁？是与我们开战的布尔人更了解情况，还是伦敦的记者？

第 9 章

关于布尔战争中英军面临的其他指控

精彩看点

扩张型子弹——达姆弹——罗伯特·贝登堡——爆炸子弹——梅特福德马克四型子弹——允许狩猎子弹进入前线——战俘问题——厄兰斯拉格战役——百慕大集中营——道格拉斯叛军——火车人质事件——阿德尔伯特·斯登堡

第1节 关于扩张型子弹和爆炸子弹的使用

当威廉·斯特德言词含糊不清时,我们很难推翻他的说法。一旦他有了明确的表述,我们就很容易找到漏洞。在他的《野蛮行径方法论》中,他直言不讳地说:"英国向南非运送了几百万扩张型子弹①。在战争开始的前三个月,在德兰士瓦北部和马弗京等地,英军均使用这种子弹。"根据德·蒙特莫伦西中尉的信,阿尔杰农·梅休因指出,1899年10月12日到1900年1月15日,马弗京以北的英军只使用马克四型子弹。这不是达姆弹②,而是扩张型子弹。

显而易见,阿尔杰农·梅休因的说法与威廉·斯特德相差很大。威廉·斯特德说的是马弗京,而阿尔杰农·梅休因说的是马弗京以北。当时,马弗京战况激烈,而马弗京以北战事相对较少。因此,这种差异至关重要。为了验证威廉·斯特德关于马弗京的说法,我与对当时情况最有发言权的将军罗伯特·贝登堡进

---

① 扩张型子弹的弹头之所以"扩张",是因为弹头击中目标物后会呈现横向变形,外型会扩张,扩张的弹头能够迅速将动能传达、"扩散"到目标物上。现代认为达姆弹是扩张型子弹的一种,但在作者的年代,人们并不认为二者是同一种子弹。——译者注
② 达姆弹,英国制造的一种枪弹。因由印度加尔各答附近一个叫达姆的地方兵工厂生产而得名。又俗称"开花弹""榴霰弹""入身变形子弹",是一种不具备贯穿力但具有极高浅层杀伤力的"扩张型"子弹。——译者注

罗伯特·贝登堡

行了沟通。罗伯特·贝登堡的回复如下:"马弗京的物资供应中并无扩张型子弹,除非你将普通的马提尼-亨利子弹称为扩张型子弹。出于人道主义原则,我不会使用'扩张型子弹'。一方面,军队明令禁止在这场战争中使用达姆弹。另一方面,《海牙公约》也明确禁止使用爆炸子弹,而在马弗京战役中,布尔人却使用爆炸子弹攻击我军,尤其是5月12日那场战斗。"

因为涉及马弗京以北的部队,所以我曾尝试证明此事。同样的权威消息来源称:"关于马弗京以北的部队,罗得西亚纵队中的狩猎者只有可能携带了狩猎子弹,但我没有听说过。"在战争爆发第一周时,我的一个朋友身处洛巴策。他向我确定,除了实心子弹,从未见过其他子弹。但我们必须牢记,罗得西亚纵队的状况非比寻常。在战争第二天,罗得西亚纵队与其他部队的联络就被切断。在长达七个月里，罗得西亚纵队只能依靠长途绕行的贝拉路线获取一切物资。可以想象，在这种情况下，与有固定基地的部队相比，罗得西亚纵队更难维持武器装备的统一性。

事实上，扩张型子弹并不违反《海牙公约》。美国代表和英国代表对此都做了明确表态。如果这两个具有人道主义精神的进步大国也持这种观点，那么我会认为英国和美国极其不明智。当然，《海牙公约》只对签约国具有约束力。因此，在与孤注一掷的野蛮人作战时，我们仍然可以使用杀伤力大的子弹。不管我们出于什么动机采纳以上观点，惩罚很快就到了。当布尔人对英军使用这种子弹时，我们无法惩罚对方，可以说投诉无门。然而，正如我们尊敬的记者指出的那样，爆炸子弹是另一个问题。如果布尔人想利用《海牙公约》对自己有利的条款，那么所有子弹夹里能找到爆炸型子弹的市民都应受到惩罚。

与我们在海牙的外交官相比，我们的士兵更仁慈，因为尽管我们保留使用扩张型子弹的权利，但在战斗中，士兵还是尽量避免使用这种子弹。战争初期的一次不幸事件使布尔人对我们是否使用扩张型子弹产生了怀疑。事实如下：

1899年春末，英国制造了数万发不合格的空心子弹——如口径不标准等。这批子弹被称为"梅特福德马克四型子弹"。后来，这批子弹被送到南非供打靶练习使用。威廉·潘·西蒙斯将军下令将其中一部分子弹送到邓迪，用于野外射击练习。由于梅特福德马克四型子弹不适用于与白人作战，所以保罗·克鲁格总统一宣战，这批子弹就被撤回了。然而，由于在包装时出现疏忽，导致马克二型子弹和梅特福德马克四型子弹混装。1899年10月30日，在英国士兵身上，布尔人发现这种子弹。因此，英军下令进行全面检查。在有些士兵的子弹夹里确实发现了这种子弹，随后被立即取出。出现这次事件纯属偶然。毫无疑问，这是战前军械部的失误。正因如此，在战争初期，英军在不知情的情况下使用了若干空心子弹。

通常被称为达姆弹的是"软头子弹"，但受管控的马克二型子弹也在达姆弹工厂生产。因此，当布尔人看到马克二型子弹箱上的达姆标签时，自然以为里面装的是达姆弹，但其实里面装的是马克二型子弹。

我们必须承认，允许狩猎子弹进入前线的确太粗心大意。在鲁德瓦尔，皮特·德·韦特打败德比民兵队。布尔人缴获了几箱狩猎子弹——英军军官用来打跳羚。我的朋友约翰·朗曼先生好几次亲眼看到布尔人谎称使用自己的子弹，却从这几箱狩猎子弹里取子弹装入弹夹。这种子弹永远不应该被使用。尽管有各种失误，但证据显示，在战争中，英国竭力秉持人道主义精神。通过更全面的研究，我希望证明我们的对手也是这样。尽管存在个别例外，我还是希望我们的对手除了使用被他们称为"绅士"的子弹外，从未使用过其他子弹。

第2节 战俘问题

在处理战俘方面，英国士兵也受到国内外的攻击，但这些攻击与前文提到的各种控诉一样，毫无根据、极其可耻。

在1899年10月21日的厄兰斯拉格战役中，布尔人第一次落入英军手中，沦为战犯。当天晚上，倾盆大雨不期而至。胜利的英军只能围着火堆烤火。据记载，几位目击记者称火堆旁最温暖的角落都被留给了布尔俘虏。有人曾不断称在厄兰斯拉格战役后，英军骑兵向一小撮布尔人发起进攻时毫不留情。批评这一说法的人则指出，这样的指责经常出现，但无法被证实。事实上，我认为这个传言来自画报中一张哗众取宠的图片。事情发生在深夜。当时光线昏暗。在疯狂和混乱的战斗中，英军很有可能将本来投降的人砍倒或骑马踏过，但骑兵带回二十名战俘，而布尔人的死伤人数低于这个数字，因此并未出现滥杀无辜的情况。我读了指挥本次进攻的骑兵指挥官的信。在信中，指挥官向一名同僚秘密讲述了整个战况。他谈到了战俘，但没有提到英军有何暴行。

从前线士兵的信中，威廉·斯特德摘录了许多谈到用刺刀刺死布尔人的内容。对于士兵的这些说法，人们应该谨慎判断，因为有的士兵在给家乡亲友的信中喜欢将自己描绘成战场上的凶恶之徒——只是觉得好玩而已。即使存在得到证实的个例，也只表明在激烈的战斗中，脾气火爆的士兵偶尔不会受到纪律的约束，也不会听从上司的劝诫。我确信，在所有战争中的所有军队都能找到同样的事例。但根据个别案例，有人就推断在战争中全部英军都残酷无情。如果外国人这样说，那这对英国是不公平的。而如果英国人这样说，那这种情况就太异常了。

对于所有这些指控，只有一个最终的完整答案，即我们现在手中有四万二千名男性布尔俘虏。布尔人认为，在两年的战争中，他们的死亡人数并不多。关于这一点，英国也不否认。一方面，布尔人死伤人数少，而我们手中有大量布尔俘虏；另一方面，人们指控英军在战斗中毫不留情。请问事实和传言如何匹配？我曾看到布尔人在被俘五分钟后，英国士兵与他们开玩笑，一起抽烟。因此，在我看来，这样的指控简直荒谬可笑。就算对于那些就此事抱有极大偏见的人，上述事实应该也具有足够的说服力。

当《海牙公约》在大范围执行时，我担心有些条款只能是完美的建议。在厄兰斯拉格战役、伯根达尔战役和其他战役中，英军经受住了自我克制和纪律的严峻考验。进攻时，英军既要保持克制，还要饶恕最后一秒才投降的对手。对英军来说，这个要求实在太高了。因此，进攻一方损失惨重：在激烈的战斗中，他们冲锋陷阵，失去了战友、上司。到了战斗的最后一刻，战争的始作俑者从藏身的岩石后毫发无伤地钻出来，投降自保。也只有在那一刻，英军士兵才真正看到自己的对手，才感到自己和对手处在公平的位置。英军士兵必须接受对手的投降。我们不得不承认，这是对人性相当大的考验。

然而，如果那些位于防御据点的有组织部队适用这样的条款，那么独立狙击手呢？《海牙公约》从未给独立狙击手的立场明确定义，也从未发布他们的待遇规则。如果被狙击手困扰的军队抓住狙击手后，按自己的军法枪毙狙击手，那可不太美妙。

《海牙公约》第一条规定，交战者必须：一、由一个对部下负责的人指挥；二、有可以从一定距离加以识别的固定明显标志；三、公开携带武器。布尔狙击手躲在山丘上安全的藏身处，拿出毛瑟枪向英军射击。这显然不符合以上规定。因此，毫无疑问，依据《海牙公约》规定，狙击手被排除在战争规则之外。

狙击手也不符合《海牙公约》的战争精神。狙击手藏在岩石中，而他的对手

厄兰斯拉格战役前的布尔人

英军士兵与布尔人在巴兰斯拉格激战

根本无法分辨子弹来自何处。这样的狙击手与暗杀者没有什么分别。倒在狙击手枪下的受害者根本看不见狙击手，而在正常情况下，狙击手毫无危险可言。虽然我认为以下情况非常罕见，但如果士兵偶尔在没有向军官报告的情况下射杀这样的狙击手，难道说这是一种不可原谅的行为吗？或者说这也违反了严格的战争条款吗？

在《洛桑公报》上，我看到一名归国的瑞士士兵。他叫亚历克西斯·帕什，曾同布尔人并肩作战。他曾目睹英军在攻陷一处阵地时损失惨重，之后却宽大处理自己遭受巨大损失的布尔人。他表示很惊讶。

亚历克西斯·帕什说："在塔巴克斯堡战役中，我看到布尔人坚守阵地到最后一刻。在英军的最后一次攻击中，布尔人绝望地又打了一些子弹，随后扔掉步枪，举起手来，向自己刚刚近距离射击的英军求饶。英军饶了布尔人的命。这种仁慈之心使我震惊。换作我，我肯定杀了这些布尔人。"

关于战俘的问题，我们几乎不用再讨论了。英国人和外国所有人都有普遍共识——如果有机会形成共识的话，即战俘均得到人道和慷慨的对待。所有战役集中营的报告结论都一样，包括格林波恩特、圣赫勒拿、百慕大、锡兰、阿美纳伽。印度的阿美纳伽被选为战俘集中营所在地并且开始修建时，曾引发强烈抗议。人们断言这个集中营将成为疾病肆虐的地方。除了抗议这一决定过于草率，还有其他对政府的抨击。但事实表明，这些均为无稽之谈，因为集中营里的战俘健康状况良好。由于阿美纳伽集中营是唯一遭受严厉批评的集中营，1901年10月，杰西·科林斯先生访问阿美纳伽。他的结论能帮助我们了解该集中营的实际情况：

布尔军官说："我代表军官和士兵表示我们没有什么可抱怨的。作为战俘，我们得到最好的对待。J.L.迪肯森少校①对我们非常亲切，考虑周到。"

描述百慕大集中营时，美国人使用了耸人听闻的措词，但据一家报纸的调查显示，百慕大集中营没有什么可以指责的问题。

约翰·J.奥罗克先生写信给《纽约时报》称"鉴于关于百慕大集中营的布尔

---

① 他们特别要求提到。——原注

战俘待遇有诸多失实报道",他最近从一位记者那里获得可靠的消息。这名记者是穆森·温莱特。约翰·J.奥罗克先生称他为"岛上有影响力的居民之一"。穆森·温莱特说:"百慕大集中营的布尔人比纽约的许多居民生活得还好。他们有大量的牛肉、面包。所有物资都供应充足,除了自由。百慕大集中营有好医院和好医生。确实有些布尔人缺少衣服,但这种情况少之又少。政府正在给他们发放衣物。总而言之,与大多数国家相比,英国给布尔人的待遇要好得多。"

我们再看看英军战俘的待遇。在比勒陀利亚附近的沃特瓦,英军战俘承受无数痛苦。有些痛苦并不应该由他们承受。患有肠道疾病的士兵被弃之不理,而对待南非的英国移民时,布尔人就更加野蛮。南非的英国移民被关在牢房中。理由居然是他们为英国而战。对阿非利卡人来说,他们是叛徒。

在一场持续二十六个月的战争中,被处决的布尔人少之又少,与被处决的开普叛军人数相差很大。根据我的调查,被处决的布尔人包括:1900年8月24日,在比勒陀利亚,汉斯·科尔杜阿因共谋罪和违反假释条令被执行枪决;在纳塔尔,一人或两人因毒死马被枪毙;1900年10月27日,在弗雷德里克斯塔附近的战斗结束后,英军枪毙三名男子。他们曾放下武器投降,得到宽恕后,又拿起枪从后面向英国士兵开枪。毫无疑问,也许还有其他案例散落在广阔的战场上,但我找不到其他处决布尔人的记录。即使这种案例存在,数量也肯定少之又少。自1901年年初以来,德兰士瓦共有四人被枪决;比勒陀利亚有三人因间谍罪和违反假释条令被枪毙;在约翰内斯堡,有一人因煽动布尔人进行抵抗、破坏中立而被执行死刑。

在战争开始时,开普殖民地北部百分之九十的农民加入侵略者的行列。在布尔人被驱逐后,这些人大部分投降了。英国政府意识到他们被迫参战,处境较困难,因而除了剥夺他们几年的投票权外,并没有再施加任何惩罚。少数人像道格拉斯叛军①一样,在战场上被抓获,并被判处一年至五年不等的监禁。

这些事都发生在1900年。1901年,布尔人入侵开普殖民地。这次入侵与之

---

① 1899年到1902年,在布尔战争期间,一些开普殖民者起义,反抗殖民地政府,并与布尔人结盟,被英国称为"道格拉斯叛军"。——译者注

前的入侵完全不同。在第一次入侵时，布尔部队实际占领了开普殖民地，直接向当地居民施压。在第二次入侵时，布尔人分成小股，只是穿过开普殖民地多个地方，并没有占领。第一次加入布尔人入侵部队的英国人可能是被强迫的，但第二次加入布尔人入侵部队的人则必然是出于自愿。

布尔人的突袭小分队流动性很强，只有处于绝对优势才出击。他们渗透到开普殖民地的所有角落，诱使英国人背叛英国。他们的主要任务是突袭小哨所或让民用火车和军用火车脱轨。为掩盖踪迹，他们经常杀死可能泄露情报的土著。布尔人的出现使开普殖民地陷入一片混乱，也威胁英国部队之间的联络。

如果打个比方，欧洲读者可能更容易了解英军在南非遇到的情况。假设有一支奥地利军队入侵德国，深入德国腹地时，遇到小股德裔奥地利人不断破坏铁路，还干扰他们的通讯联络。在这种情况下，入侵的奥地利人是否会饶恕这些人，尤其是他们除了叛国还冷酷地杀害奥地利人。奥地利人能饶恕他们吗？

然而，英国人饱受磨难。几百名叛军落入英军手中。大多数人既没有被罚款，也没有坐牢。只有叛军头目和犯了死罪的人被处死。我列出了1901年的处决名单。其中包括已经提到的被处决人员。内容基本属实。

人数	地点	日期	处决原因
二人	德阿尔	1901年3月19日	破坏火车
二人	比勒陀利亚	1901年6月11日	布尔人违背中立誓言
一人	米德尔堡	1901年7月10日	参战
一人	开普敦	1901年7月13日	参战
一人	克拉多克	1901年7月13日	参战
二人	米德尔堡	1901年7月24日	参战
二人	肯哈特	1901年7月25日	参战
一人	比勒陀利亚	1901年8月22日	布尔间谍
三人	科尔斯堡	1901年9月4日	参战
一人	米德尔堡	1901年10月10日	参战
一人	米德尔堡	1901年10月11日	参战

续 表

一人	弗雷堡（被绞死）	1901年10月12日	参战
若干	塔卡斯塔德	1901年10月12日	见下文
一人	塔卡斯塔德	1901年10月14日	参战
一人	米德尔堡	1901年10月15日	参战
一人	克拉多克（一人被绞死，一人被枪决）	1901年10月17日	破坏火车及谋杀土著
二人	弗雷堡	1901年10月29日	参战
一人	马弗京	1901年11月11日	枪击土著
一人	科尔斯堡	1901年11月12日	参战、劫掠、殴打等
一人	约翰内斯堡	1901年11月23日	劝说投降市民违背誓言
一人	北阿利瓦尔	1901年11月26日	逃兵
一人	克鲁格斯多普	1901年12月26日	枪击受伤人员
二人	马弗京	1901年12月27日	谋杀黑人

如果1901年10月12日塔卡斯塔德处决的"若干"人是三人，那么处决人数总共三十四人。但布尔人杀害无辜土著，尤其是儿童的行为还在继续，应严加惩处，以儆效尤。因此，未来处决人数肯定还会增加。在这份处决名单中，有四个破坏火车肇事者①，一个间谍，四个土著谋杀犯，一个从开普警局偷走二十匹马的逃兵，其余二十三名均为英国人，他们因武装对抗自己的国家而获罪。

第3节 关于火车人质事件

关于火车人质事件，在我看来，英军让自己陷入了严重的指控。这项指控不是对待对手不人道，而是忽视了为保护自己军队而应该采取的行动。如果将所有脱轨和切断铁路的受害者加在一起，可以毫不夸张地说，伤亡人数不亚于一场战斗。在至少五次破坏铁路的事件中，有二十名到三十名男子致残，而伤亡人

---

① 叛军加重量刑。——原注

数较少的此类事件更是不胜枚举。

必须说明，之前英国并没有对破坏铁路事件有太多异议。对手造成列车脱轨是战争期间的合法行为，有许多先例可以支持这一说法。但将人质放到火车上，迫使对手无法破坏铁路也是合法行为，也有先例可寻。在法国，德国人经常这样做。结果证明这种手段是合理的。同理可证，英军采取这种手段也有合理性。自1901年10月在南非采取这种方式以来，再没有发生过一起火车脱轨事件。这种方法拯救了许多士兵的生命，可能还拯救了许多平民的生命。

作为本章的总结，我摘录了奥地利的阿德尔伯特·斯登堡伯爵日记中的两段话。在第一段中，他描述了自己被捕的情况：

> 三小时过去了，我们还没有成功找到目标。随后，中士命令我们就地休息。我们坐在地上，与英国士兵边开玩笑边聊天。他们都是好人，一点也不残暴。事实上，他们很有同情心。他们辛苦了一天，却因为我们没法睡觉。他们完全有理由对我们发火，却没有将怒气发泄在我们身上。他们态度和善，还将自己的水给我们喝。我根本无法形容成为战俘后当天晚上的感受！

在第二段中，他补充道："我只能重申，在这场战争中，英国军官和士兵表明军人让人类变得更加高尚，而不是堕落。"

第10章

关于布尔战争的其他问题

精彩看点

《大布尔战争》——假装投降——《日内瓦公约》——军装问题和白旗事件——布尔人屠杀卡菲尔人——布尔游击队——亚伯拉罕·伊索——马格雷斯堡案——沃尔赫河五名土著被杀案——八个黑人男孩案——克拉斯案——霍普敦谋杀两个土著案——约翰·莫克兰案——赞德斯普鲁特案——吉姆·祖鲁案

在听取各地战场军官的意见后，1900年11月，我在《大布尔战争》一书中写道："大量报刊文章都在诋毁布尔人。在战场上与布尔人打交道最多的英国军官对他们的评价反而最宽容大度。有人说布尔人举白旗假装投降，引诱英军到开阔地带。这绝对是诽谤。诋毁对手的英勇实际是诋毁我们的胜利。"我的个人意见本来无足轻重，但正如我所说，这是经过大量调查的结果。罗伯特·波特将军说："是有几次假意投降的事，但哪个国家没有几个无耻之徒？"内维尔·杰拉德·利特尔顿将军说："布尔人是勇敢的民族。我认为报道中的暴行并非普通荷兰市民所为，而是那些混进军队的卑鄙小人所为。"

这是痛苦的事实，但今天无法盖棺定论。如果战争在本该结束时结束，那么在离开战场时，交战双方会带着对彼此展现出的骑士风度的敬意。布尔人第一次召唤战神已经受到审判，第二次卷土重来。这场痛苦又毫无意义的漫长战争使大量人员死亡，令许多人遭受苦难，破坏了战争的整体性质。

在战争进行的第一年，确实有太多事情激怒英军。布尔人擅长狩猎，在战斗中使用诸多诡计。而在习惯面对面作战的英军士兵看来，这些是懦夫所为，对英军不公平。毫无疑问，有人使用假装举白旗的手段，也有人举起双手假装投降，引诱英军离开掩护。这类例子数不胜数。事实上，弗雷德里克·罗伯茨本人就经历过一次。以下附上他的正式抗议：

鉴于又出现一次举白旗、举双手假装投降的事，我有责任通知阁下：如果再发生此类事件，我不得不通知我的部队将不再理会对手举起的白旗。

这件事情发生在德里方丹农场以东的山丘。我和几位参谋目睹了此事。几名军官和士兵还因此受伤。

在克龙涅的临时营地及每次与阁下的部队交战后，我们发现了三种爆炸子弹。数量众多。

这种行为违反公认的战争惯例及《日内瓦公约》，是文明国家真正的耻辱。

英军士兵并非毫无道理。他们明白他们的每个对手都有自己的一套行事准则。如果将布尔人不择手段的小把戏都说成是领袖背信弃义指使的结果，显然并不公平。我们也知道可能是怕死的懦夫举起白旗，而他更勇敢的战友可能根本不愿意投降，就像我们的人民可能不止一次拒绝投降一样。由于这些原因，我们对布尔人并没有太多怨恨。我相信大多数军官都会赞同我的观点。

从一开始，就公认的战争规则而言，布尔人的立场就与正规军不同。《海牙公约》的第一条规定，为了获得交战国权利，军队首先必须佩戴在远处就可以清晰看到的标志。但第二条也确实补充，没有时间组织军队的人群或自卫人群，不受前一条的约束。然而，在战争开始时，布尔人就是侵略者，并且进行了长期精心的准备。如果说他们不能给游击队员配备徽章，显然是荒谬的说法。他们做出改变时，情况更糟，因为他们穿的是英军士兵的卡其布军装。通过穿相同的军装，布尔人制造了若干意外。许多穿卡其布军装的市民都曾被英军抓获。这简直是典型的英式幽默。布尔人违反了多项战争规则，但从未受到惩罚，就像火车人质事件一样。在这方面，我们过于仁慈。如果第一批穿卡其布军装的市民被枪毙，就能挽救许多英国士兵的生命。

然而，考虑到战争的特殊性和布尔人的困难，军装问题和白旗事件一样得到英军的容忍。我们尽量认为布尔人在尽可能公平地比拼，但对方的战斗方法肯定相当粗糙。下面是一个英军士兵的宣誓陈述。他在雷地史密斯战役前被俘。

国王皇家来复枪团第三营二等兵F.艾林（编号6418号）的证词

1900年2月25日于科伦索附近

1900年2月23日大约5时，因距离战友太远无法撤退，我被布尔人俘虏。1900年2月25日10时左右，我被允许重新回到部队。

在这段时间，我被关在布尔人的战壕里，没有食物和饮水。有二十多名英军伤员躺在战壕附近，一直要求喝水，但都被拒绝。只要伤员移动，就会遭到枪击。大部分伤员因缺乏救援而死亡，因为他们在地上躺了两天两夜。布尔人——好像都是用英语——说："不要给他们水喝，让他们死。"

虽然也有善良的布尔市民对英军伤员和俘虏表示同情，慷慨解囊，但显而易见，这些善举被上述事例抵消了。

然而，随着战争的继续，我们的对手表现出更凶残的一面。这反过来证明了英军的纪律严明。英军不愿因少数布尔人的残暴和背信弃义而惩罚整个民族。1900年11月月底，诺伊迈耶中尉成为战争中第一个被谋杀的人。当时来自阿利瓦尔的消息后来得到官方确认。详细报道如下：

诺伊迈耶中尉负责指挥史密斯菲尔德的奥兰治河警察。昨天，他驾着一辆马车来到这里，没有携带武器，被两个布尔人"劫持"。他变成俘虏，还被带上手铐。之后，有人用左轮手枪卑鄙地向他后背开枪，后来又击中他的头部。

凶手扒下诺伊迈耶中尉的裤子，还在衣服中搜钱，然后将尸体拖进污水坑。当天晚些时候，开普警方发现尸体并带回。两个土著目睹了这起谋杀。诺伊迈耶中尉曾在罗得西亚战役中表现出色。

在战争后期，布尔人开始有计划地屠杀卡菲尔人，即黑人。这也正是整个战

手握长矛的祖鲁人

争中最野蛮、最血腥的一幕。交战双方都曾征用黑人作车夫、仆人、侦察员,但从不是交战人员。土著黑人如巴苏陀人、祖鲁人、斯威士人都与布尔人有血海深仇。战争刚开始时,英国人能轻而易举地让这些部族袭击布尔人。显而易见,布尔人毫无悔意。1857年,当德兰士瓦共和国与奥兰治自由邦发生冲突时,德兰士瓦人与一名黑人酋长密谋从背后袭击奥兰治自由邦的同胞。以下是保罗·博塔的陈述:

我了解此事的详情,因为我是政府派去与德兰士瓦军队作战的人员之一。虽然最终友好地解决了争端,但令人难以置信的是,德兰士瓦共和国派出一个五人小组。这个小组由臭名昭著的卡雷尔·吉尔率领。他们说服巴苏陀酋长莫谢什从后方攻击我们——他们的同胞。我的巡逻队逮捕了卡雷尔·吉尔及其同伙。后来,我认识了其中几个人。他们向我透露了整个卑鄙阴谋。

莫谢什

如果滥用同情心，这种事情可能会发生在我们身上。前文引用的斯尼曼写给哥哥的信中写道，保罗·克鲁格告诉总统说，他需要斯威士人和祖鲁人协助。遭到攻击时，土著人有权维护自己的生命财产安全，但如果协助布尔人参战就完全越界了，就像马弗京的巴雷郎人和特兰斯凯的黑人一样。而英军根本没有使用黑人作战。这样的情景只会出现在欧洲漫画里。

然而，黑人作为车夫、仆人、向导、侦察员，对英军而言必不可少。布尔人也完全知道这一点。当战争开始对布尔人不利时，他们试图以暴力手段恐吓黑人远离英军。只要是与英军有一星半点关联的黑人，布尔人都痛下杀手，毫不留情。数以千计的黑人因此丧命。如果遇到英军战败，布尔人对英军的马车车夫、土著仆役也没有丝毫怜悯之心。布尔游击队还将所有可能泄漏其行踪的黑人杀死，甚至连孩子也不放过。在报告中，赫伯特·基奇纳讲了这样一件事：英军追踪布尔游击队来到土著村子，发现四个脑袋都被摔扁的小男孩，而布尔游击队刚刚撤离。

一个人的遭遇深深触动了英国人民的心。亚伯拉罕·伊索是有色人种，受过教育，是铁匠。他一直在英属小镇卡尔维尼亚居住，是忠诚的英国臣民。亚伯拉罕·伊索从来没有离开过小镇，因此不可能做间谍。下面的报道和文件表明，国家只有伸张正义，严惩杀人犯，才算履行了国家的职责。在写给当地区长的信中，亚伯拉罕·伊索动情地说，无论怎样，他必忠于自己出生的国家，但接着就传来他被残忍杀害的消息：

> 亚伯拉罕·伊索，一位忠诚的有色人种铁匠，因拒绝透露武器埋藏地点而被无情鞭打，引发肾脏发炎，但他还是被拖着穿过村子，不断被鞭打，直到他再也站不起来，随后被枪杀。

1901年2月8日
于卡尔维尼亚①

---

① 《泰晤士报》，1901年2月16日，第7页。——原注

卡尔维尼亚的外科医生写信给殖民部，证实了一个叫斯特赖敦的布尔人鞭打和枪杀亚伯拉罕·伊索。斯特赖敦称自己是奉命行事。此事没有审判，也没有给出缘由。

1901年2月19日

于开普敦①

布尔人在卡尔维尼亚鞭打有色人种男子亚伯拉罕·伊索的官方报道来自路透社的电报，随后由卡尔维尼亚的外科医生向开普敦报告，并确认此事。

——摘自1901年2月21日下议院威廉·布罗德里克先生对亨利·拉布谢尔先生的回复②

我收到阿尔弗雷德·米尔纳爵士的电报，证实了我之前收到的各方报告的真实性。高级专员阿尔弗雷德·米尔纳爵士指出，报告虐杀有色人种男子的外科医生叫富特。阿尔弗雷德·米尔纳爵士补充道："亚伯拉罕·伊索被杀一事确凿无疑。"

——摘自1901年2月22日威廉·布罗德里克先生在下议院对约翰·迪伦先生的回复③。

最初，英军规定黑人侦察员不携带武器。这样可以避免给土著提供武装的指控。后来，英军发现布尔人有计划地射杀手无寸铁的黑人侦察员。于是，英军就给黑人侦察员派发步枪。将没有任何防卫手段的黑人置于死亡危险之中很不

---

① 《泰晤士报》，1901年2月20日，第5页。——原注
② 《纽约时报》，1901年2月22日。——原注
③ 《纽约时报》，1901年2月23日。——原注

人道。我认为在战争后期，英军雇用黑人看守铁路，给他们的武器主要用于自卫。英军一度兵力紧张。一纸调令就可以将规模庞大、纪律严明的印度军队调到南非，但英国政府没有这么做。我认为英军的这一做法是历史上战争中最克制的事例之一。法国人毫不犹豫地动用阿尔及利亚土著部队对抗德国人。美国人也是一样，使用黑人部队对抗西班牙人。但我们让布尔战争的范围只停留在白人之间。我认为英国做得既明智又出色。

目前，布尔人对土著采取了极其凶残的手段，而深肤色英国战俘的处境也十分危险。1901年7月27日，在多伦河的一场小规模冲突中，英军中七名侦察员被残忍击毙。一起被枪杀的还有一个叫W.芬奇的英国人。布尔人认为他有黑人血统。以下是杀害W.芬奇的证据：

第二十二义勇骑兵队第28284号骑警查尔斯·卡顿宣誓证明如下：

1901年7月27日，我是布尔人在多伦河俘房的巡逻队员。在我们投降后，我看到一名男子躺在地上，受了伤，夹在两名土著中间。我看见一个布尔人走向他，朝他胸部开枪。我注意到地上那个人是骑警W.芬奇。当时他还活着。我不知道杀死他的布尔人的名字，但我能认出他。

第33966号骑警F.W.马达姆斯经正式宣誓后证明：

1901年7月27日，布尔人在多伦河附近逮捕了我。我是巡逻队员之一。在我们投降后，我去找我的帽子。找到帽子后，我正好经过骑警W.芬奇身边。这时，我看到一个不认识的布尔人用左轮手枪朝W.芬奇警官胸部开枪。我能认出开枪的布尔人。

布尔人杀害黑人的行为已经到了令人发指的程度，但不管在英国还是欧洲大陆，没有支持布尔人的报刊提出抗议。现在，我附上最近来自前线官方报道的证据。

马格雷斯堡案：1900年10月或11月，人们在马格雷斯堡山顶发现九名土著的尸体。其中五人是受过教育。其余四人是布尔人雇用的男孩，但被怀疑泄漏情报。本案寻找目击证人十分困难，因为死者均是土著。通过非正式法庭审判，这九名黑人被判处死刑。法庭庭长是人民议会的前任主席B.A.克洛普。据报道，已故将军史蒂芬·斯库曼之子亨德里克·斯库曼和皮特·茹贝尔是押送者。

沃尔赫河五名土著被杀案：1901年3月11日，在德兰士瓦共和国的沃尔赫河附近，布尔人截获一列火车，将五名手无寸铁的土著赶到一边，然后枪杀，并将尸体扔进沟里。英勇的萨顿下士看到，在土著投降后，一名布尔人向一名躺着的土著连开五枪。火车上的其他士兵都眼睁睁看着他冷血地杀死五名土著。

八个黑人男孩案：1901年7月17日左右，八个年龄在十二岁到十四岁之间的黑人男孩从伊登堡附近的厄伊特凯克出发去买橘子，没有一个人携带武器。布尔人对着八个男孩开枪。一人死亡，六人被抓，剩下一名男孩成功逃脱，现在与弗雷德里克·达芒少校在一起。后来，弗雷德里克·达芒少校的勤务兵罗伯特·威利特下士在农场附近看到几个男孩的尸体，但面目全非，无法辨认。之后，从伊登堡派出的一拨黑人认出了他们。有一个男孩的尸体没有被找到。据推测，布尔人没有杀他。皇家爱尔兰燧发枪团的R.J.肯蒂什中尉看到几个男孩的尸体，确认了谋杀事件。后来，他说这些布尔人都是民兵队长杜特华的手下。

克拉斯案：克拉斯的妻子说，1901年8月3日，兰斯普鲁特的科尼利厄斯·拉斯和另一个布尔人来到房前，叫走克拉斯。在克拉斯的抗辩声中，对方指责他向英国人提供情报。克拉斯夺路而逃时，科尼利厄斯·拉斯向他后脑勺开枪。斯坦德顿的土著牧师妻子看到了克拉斯的尸体。

霍普敦谋杀两个土著案：1901年8月22日，在霍普敦的文特尔胡克附近，开普敦骑警二等兵C.P.弗瓦茨和两名土著被范·瑞南率领的部队抓获。当时C.P.弗瓦茨已经卸下马鞍。土著在马厩里睡觉。他听到范·瑞南命令部下向土著开枪，并亲眼看到一名土著被打死。别人告诉他另一名土著也已经被打死。1901年8月22日5时，农场居民A.G.利本伯格曾告诉C.P.弗瓦茨布尔人在逼近。A.G.利本伯格将两具尸体就地掩埋。一个埋在距离房子约四十码的地方，另一个埋在距离房子约五百码的地方。A.G.利本伯格的儿子亲眼看到其中一个土著男孩被杀害，也证实了A.G.利本伯格的说法。

约翰·莫克兰案：约翰·莫克兰和埃费乌·班巴①是手无寸铁的土著，居住在比勒陀利亚北部温浴镇附近。1901年9月17日晚，安德列斯·范德沃尔特和一群布尔人包围了约翰·莫克兰的房子。安德列斯·范德沃尔特叫约翰·莫克兰出来。当约翰·莫克兰出来时，两个人抓住了他。两名男子举起约翰·莫克兰的双手。安德列斯·范德沃尔特站在约翰·莫克兰身后五码的地方，用毛瑟枪向他头部开枪。约翰·莫克兰倒在地上。安德列斯·范德沃尔特再次向他心脏开枪，然后用匕首在他前额用力划了一刀。约翰·莫克兰和埃费乌·班巴都曾为安德列斯·范德沃尔特工作。

赞德斯普鲁特案：1901年10月1日大约23时30分，布尔人包围了赞德斯普鲁特附近达西克里普的一所土著居民房屋，杀死屋内四名土著。这支部队由二十四人组成。以下是他们的领导：达西克里普的德克·巴登霍斯特、斯特里普方丹的科尼利厄斯·伊拉斯谟和鲁伊德拉伊的C.范德莫维。本案的目击者均是达西克里普的土著居民，很熟悉袭击者。在一起案件中，一个叫卡利的土著试图翻越围墙，但大腿受伤。斯库伊尔胡克的斯托弗·维萨吉看到他没死，随即就拔出手枪，射中他的头部。杀害土著的主要原因是认为他们窝藏了英国侦察兵。

吉姆·祖鲁案：1901年10月18日左右，V.C.蒂斯·比勒陀利乌斯②带领七十人访问比勒陀利亚到彼得斯堡一线的北沃特瓦，打死两名土著，打伤三人。后来，其中一位伤者不治身亡。目击者称，1901年10月18日早晨，V.C.蒂斯·比勒陀利乌斯来到北沃特瓦附近的一个煤矿，叫来吉姆·祖鲁。吉姆·祖鲁一出现，V.C.蒂斯·比勒陀利乌斯就向他面部开枪。三天后，吉姆·祖鲁伤重不治。与此同时，V.C.蒂斯·比勒陀利乌斯和一个叫多尔西哈斯默的人还枪杀了另外三个土著。

下面是被杀害的土著清单，说明这种残暴的行为是系统性行为。按照官方文件的简洁格式陈述如下：

---

① 目击证人。——原注
② 可能来自比勒陀利亚。——原注

1900年1月28日，西巴克利地方治安官报告，土著邮差遭枪击致残。

1900年11月或1900年12月，在弗吉尼亚附近，两名土著被枪杀。理由是他们给英国人指通往芬特斯堡的路。

1900年12月4日，塔翁地方治安官报告，在宝德赛丁，三名土著被杀。

1900年12月18日，在比勒陀利亚西南八英里的弗拉克普拉茨，土著菲利普被J.茹贝尔突击队的J.约翰逊和J.迪尔玛枪杀。

1900年12月24日，塔翁地方治安官报告，在普迪穆，一名土著人被布尔人枪杀；在克里斯蒂安娜，三名土著被杀。

1901年1月6日，赫歇尔地方治安官报告，两名土著被当作间谍枪杀。

1901年1月29日，卡尔维尼亚地方治安官报告，亚伯拉罕·伊索及其他土著遭受不公待遇。

1901年2月28日，在比勒陀利亚和约翰内斯堡之间的泽文方丹，民兵队长扬·茹贝尔的游击队员枪杀一名祖鲁男孩。理由是该男孩向英国人提供情报。

1901年3月21日，克拉多克地方治安官报告，萨尔蒙·布伊谋杀土著证人。

1901年5月8日，塔翁地方治安官报告，在曼特，多名土著被布尔人射杀。

1901年5月23日，戈登地方治安官报告，一名土著被枪杀。

1901年5月25日，在哈里史密斯区，M.普林斯露的游击队员枪杀一名土著，称该土著懒惰和傲慢。

1901年5月28日，在萨纳哨所，三名土著被捕并被枪杀。

1901年6月5日，在帕尔伯格附近，跟随赫伯特·普卢默上校纵队的三个土著人被抓捕、枪杀。

1901年7月27日，在多伦河棚屋附近，与义勇骑兵队的一名巡逻员一起被逮捕的七名土著被当场击毙。

1901年7月29日，东开普殖民地情报部报告，斯托弗·迈伯勒指挥官枪杀土著居民。

1901年7月30日，北阿利瓦尔地方治安官报告，难民营有人枪杀土著。

1901年8月23日，在克洛科兰，与黑卫士团二等兵一起被抓的一名土著在二等兵面前被枪杀。

赫伯特·普卢默

布尔战争中的黑卫士团

1901年9月1日，在福尔史密斯地区，道金斯上校纵队的四名土著被逮捕。詹姆斯·巴瑞·赫尔佐格法官下令枪决他们。

1901年9月4日，北阿利瓦尔地方治安官报告，在北阿利瓦尔，贝斯特麾下的布尔人残酷虐待土著人。

1901年9月4日，里弗斯代尔地方治安官报告，两名有色人种邮差被鞭打。

1901年9月18日，南开普殖民地情报部报告，扬·塞隆下令杀害土著。

1901年9月23日，里士满首席专员报告，指挥官威南德·马兰开枪打死两名手无寸铁的土著。

1901年9月26日，普里斯卡地方治安官报告，两名手无寸铁的土著被杀害。

1901年10月1日，莱迪史密斯的T.E.希克曼上校报告，吉迪恩·斯切普斯枪杀两名土著。

詹姆斯·巴瑞·赫尔佐格

日期不明，在英军接近时，彼得罗斯堡监狱的一名土著在牢房被两名布尔人枪杀。

杀害黑人的案件到此告一段落。我们衷心希望，任何机会主义或安抚对手的行为都不会以牺牲正义为代价。我们不能阻碍每一起杀害黑人案件的彻底调查，要严惩犯罪分子。

不过，我还要再回到布尔人对待白人对手的行为的问题上来。但凡正直的指挥官率领布尔部队作战，他们的行为总体而言令人满意，但游击战导致道德败坏。文明对手之间的正常人性迅速消失。我并不是无端臆想布尔游击队员的行为与1810年的西班牙游击队员或1866年的墨西哥游击队员如出一辙。毫无疑问，直接断言是荒谬的，但若干孤立的案例及几个普遍的案例都表明布尔游击队员道德沦丧。关于孤立的案例，我可以引用罗纳德·C.迈尔斯中尉死亡的情况来证实。

官方信函如下：

1901年9月27日

于比勒陀利亚

1901年9月25日，在南非警察局任职的萨默塞特轻步兵团罗纳德·C.迈尔斯中尉从他在河湾的哨所走出，迎接三名举着白旗的布尔人。经过短暂交谈后，布尔人开枪打死罗纳德·C.迈尔斯中尉，然后立即飞奔而去。此事正在调查取证。

在场的军官送来更详细的报告。报告称布尔人举着白旗接近要塞。一名下士走出去见他们，但他们说要和军官谈。于是，罗纳德·C.迈尔斯中尉独自骑马出去。

罗纳德·C.迈尔斯中尉骑马走到小河的另一边。一个举着白旗的布尔人迎面而来。罗纳德·C.迈尔斯中尉继续向前,直至他和那个恶棍面对面。几分钟后,我们看见他们两人朝另外两个布尔人走去——这两个布尔人离我们的要塞有两英里。当他们两人接近另外两个布尔人时,我们看到罗纳德·C.迈尔斯中尉下马。由于视线被遮挡,我们看不清他们四个人。又过了不到十分钟,我们隐约听到一声枪响。接着,我们就看见罗纳德·C.迈尔斯中尉的灰马在大草原上向西狂奔,而马上没有人。一个布尔人紧随其后。

1901年6月6日,在格拉斯潘战役中,有证人证实了布尔人普遍的道德沦丧,而诽谤英军的人曾大肆渲染这次战役。

贝德福德团二营编号为4073的一等兵詹姆斯·汉肖宣誓做证:"1901年6月6日,当我们在格拉斯潘遭到布尔人袭击时,我在现场。当时,我们刚从布尔人手中夺取了一支车队。走向马车时,我发现布尔人已经在里面了。我们寡不敌众,抵抗无望,于是放下武器,举手投降。和我在一起的二等兵布朗特喊道:'不要开枪,我放下武器。'然后,布尔人开枪打死了二等兵布朗特。当时,布朗特的双手高举过头顶。随后,约翰·梅尔中尉喊道:'住手,你们这些懦夫。'虽然约翰·梅尔中尉的手高举过头顶,但布尔人还是故意开枪打死了他。然后他们向同样举起双手的二等兵皮尔斯和二等兵哈维开枪。一颗子弹打穿皮尔斯的鼻子,然后打死哈维。之后,两个布尔人从马车中冲出来,踢我,叫我躺下,并且威胁要杀了我。"

贝德福德团二营编号43253二等兵E.休厄尔宣誓做证:"1901年6月6日,我参加了格拉斯潘战役。大约在那天中午,布尔人发动了袭击。我退到约翰·梅尔中尉的队伍中去。发现寡不敌众时,我只好投降。布尔人从我们手中夺走了武器,退到黑人房子周围。过了一会儿,他们回来了。其中两人喊道:'举起手来。'我们说我们已经是战俘,武器已经被收缴了。二等兵布朗特举起双手说:'别杀我,我举手。'之后,布尔人说'杀了他',然后朝布朗特的腹部开枪。约翰·梅尔中尉从马车后走出来说:'住手,你们这些懦夫。'然后,这个布尔人在马上开枪,打死约翰·梅尔中尉。骑在马上的布尔人和约翰·梅尔中尉距离非常近，几乎能碰到彼此。布尔人随后向举起双手的一等兵哈维和二等兵皮尔斯开枪。他们当时站在一起。子弹打伤皮尔斯，之后打死了哈维。"

以下是1901年5月29日弗拉克方丹被杀害伤员的证据。

德比团第一营第八连二等兵D.钱伯斯宣誓做证："当时，我受伤躺在地上，看到一个布尔人朝我身边躺着的另外两个伤员开枪。布尔人也向我开枪，但没有打中。"

德比团第一营二等兵W.培根和查尔斯·格尔林宣誓做证："当时我受伤躺在地上。身边还有两个伤员。我看到四名布尔人骑马朝着我们走来。他们下马后，许多子弹向我们打来。我们都被打中。我们团的二等兵古德温被打死。之后，布尔人拿走我们的武器，咒骂我们，然后骑马离开。"

德比团一营下士萨金特宣誓做证："当时我受伤躺在一块石头后面。我看到一名布尔人向正在走开的一名义勇骑兵队军官开枪，导致他手部受伤。"

义勇骑兵队第六十九连代理连长钱伯斯宣誓做证："我看到一个布尔人。他留着深色胡子，个子不高，拿着猎枪，向我们三个伤员开枪。"

义勇骑兵队第六十九连二等兵A.C.贝尔宣誓做证："我听到一个布尔人命令我们中的一个人举起手来。当他举起手时，布尔人在离他大约十五码开枪打他。当时，我离布尔人二十码。"

义勇骑兵队第六十九连二等兵T.乔治宣誓做证："受伤返回营地途中，我看到一个十七岁左右的布尔人朝一个受伤的德比团士兵开枪，然后这个布尔人走到我面前，拿走了我的弹药。"

皇家野战炮兵第二十八营炮手W.H.莱克本宣誓做证："我看到一个布尔人从受伤的德比团士兵手中夺走了他的步枪和弹药，然后向他开枪。之后，布尔人又问我要步枪。我指给他步枪的位置。"

这类事件的性质越来越恶劣。在布拉克肯拉特，乔治·艾略特·本森上校部队的后卫被歼灭，以下是当时的情况：

杰出服务勋章

皇家野战炮兵N.E.扬少校——获杰出服务勋章,将报告发送给布尔人总司令,抗议布尔人在布拉克肯拉特与乔治·艾略特·本森上校部队作战时残酷对待受伤官兵。报告日期为1901年11月7日。赫伯特·基奇纳在比勒陀利亚的签字日期是1901年11月9日。

根据赫伯特·基奇纳的指示,N.E.扬少校调查了布尔人残酷对待受伤官兵一事。在报告中,他写道:

> 据我所知,共有一百四十七名受伤官兵。其中五十四人没有在布尔人手上。在剩下的九十三人中,十八人告诉我没有受到不公正对待。
>
> 七十五名官兵提出申诉,称受到性质严重的不公正待遇。几乎所有人的现金都被抢走。手表及私人信函也被拿走。
>
> 很多人的衣物、帽子、外套、袜子被抢走。有时,布尔人只给他们留下一件旧衬衫和一条衬裤。

大家一致认定，伤员躺在地上时，布尔人仍然不断朝他们开枪。实际上，布尔人早已拿走他们的武器，而附近的所有交火也早已停止。

即使是已故的本森上校也没有得到应有的尊敬。虽然有人下令不许动他的东西，但最终他的马刺、绑腿、私人信函都被拿走了。

在报告最后，N.E.扬少校写道：

这些证词直接、真实，没有刻意夸大，给我留下极其深刻的印象。毫无疑问，布尔指挥官虽然有心管束部下，但已经无法研制部下的暴行和杀戮。

国王皇家来复枪队第一营第二十五骑兵队的G.阿克兰·特罗伊特中尉说："1901年10月25日，我与乔治·艾略特·本森上校的部队在卡菲尔施塔特附近的战斗殿后中受伤。布尔人抢走我的所有物品，只给我留下衬裤、衬衫、袜子。后来，他们又给了我一条旧裤子和一件外套。"

国王皇家来复枪队第一营第二十五骑兵队的雷金纳德·西摩中尉说："1901年10月30日，我的连队被派往支援本森上校。当天早些时候，我受了伤。布尔人出现了。他们拿走了我的大衣、绑腿、马刺、头盔，还拿走其他伤员的钱和手表，除了拿走一个伤员的大衣，没有拿其他伤员的衣物。他们没有施以援手就走了。后来，两个布尔人又回来抢走了一名士兵的大衣。当时，那件大衣披在我的身上。其中一个抢我们东西的布尔人被其他人称为'指挥官'。"

柴郡团的C.W.科斯林上尉说："我是1901年10月30日本森上校的司号员。我受了伤，躺在大炮附近，距离后卫部队一百码。一个布尔民兵队长出现了，没有骚扰我就离开了。当天大约17时30分，或者更晚些，救护车来接我了。救护车走了一段距离后，本森上校和几个士兵就上车了。似乎战斗有所延迟。本森上校十分生气，要自己走。然而，一直等到布尔人来，他也没有走多远。布尔人拿走了本森上校口袋里的文件，尽管本森上校抗议说都是私人信函，而之前已经有布尔指挥官看过了，并且说不需要拿走。"

国王皇家来复枪队第四营二等兵E.里格比说，布尔人只留下他的衬衣，将他的其他衣物都拿走了。他现在还不太能讲话。

苏格兰第二骑兵团骑兵胡德说："当时，我受伤躺在地上。布尔人走了过来，抢去了我的帽子、外套、靴子、十五先令，一块金属表。当一名受伤的士兵找我要水喝时，我看见布尔人朝他开枪。"

苏格兰第二骑兵团骑兵亚历山大·梅因说："我们受伤躺在地上。布尔人离我们十五码到二十码。当时，所有人都受伤了。没有人开枪。我看到布尔人朝我们的伤员开枪。参谋托马斯·亨利·艾尔·劳埃德上尉腿受伤，躺在我旁边。布尔人有几枪打中了他。不久，他就死了。我自己也挨了三枪。"

苏格兰第二骑兵团骑兵杰米森说："布尔人脱下我的靴子，抢走我的子弹夹时，动作粗暴，弄伤了我已经骨折的胳膊。后来，我的胳膊被截肢。"

国王皇家来复枪队第一营二等兵帕里什说："我们不再从山上射击，但只要有伤员露面，布尔人就会开枪。几个伤员因此丧生。一个人挥舞着蓝色东西——这是呼叫救护车的标志，但迎接他的是二十颗子弹。"

国王皇家来复枪队第四营二等兵普里克特说："1901年10月30日，我受伤躺在地上。我看到布尔人走近。其中一个老布尔人留着络腮胡子，穿着紧身裤。他将枪筒对着我的朋友F.福斯特的侧面开枪。F.福斯特也是国王皇家来复枪队第四营的二等兵。如果再看见他，我肯定能认出来。F.福斯特一直在白蚁堆的掩护下射击，直到布尔人攻到我们的位置。F.福斯特扔掉步枪，举起双手，但仍被打死。"

苏格兰第二骑兵团二等兵N.H.格里尔森说："我受伤后，躺在本森上校旁边。布尔人一出现就想抢我们的东西。本森上校阻止了他们，并说他曾收到汉斯·格罗贝拉尔的一封信，称受伤的士兵会受到尊重。本森上校问是否可以见汉斯·格罗贝拉尔。布尔人说去叫他，随后带来一位指挥官，但我觉得那位指挥官不是汉斯·格罗贝拉尔。本森上校告诉他不要碰伤员。对方说他会尽全力保护伤员。那位指挥官亲自保护本森上校约半小时，但当布尔人拿走本森上校的马刺和绑腿时，他毫无作为。"

第七骠骑兵团的中士爱德华·凯特利说:"在布尔人猛烈开火前,我的头部、臀部已经受伤,浑身是血。一个布尔人走了过来,拿走了我的卡宾枪和左轮手枪,让我举起双手。我因失血过多,身体虚弱,无法完成他的要求。他拿着我的卡宾枪上膛,跪在地上瞄准我的胸部,开枪击中了我的右上臂。"

国王皇家来复枪队第四营第二十五骑兵队二等兵贝尔说:"布尔人上来时,极其粗暴地抢走我的靴子,导致我的腿二次受伤。我看到他们从其他人手中夺走了手表和钱。"

皇家都柏林燧发枪团二等兵C.康纳说:"我和许多伤员都躺在大炮旁边。我们没有再开枪。一旦有伤员动一下,布尔人就会朝他开枪。有若干人——十个或十一个——因此丧命。"

国王皇家来复枪队第四营H.F.W.伯彻姆中尉与皇家约克轻步兵团的马丁中尉——现已死亡——在同一辆救护车上。马丁中尉告诉H.F.W.伯彻姆中尉,当他受伤躺在地上时,布尔人脱掉了他的马刺、绑腿。虽然马丁中尉告诉布尔人他已中弹,但布尔人还是在脱下他的马刺时扭伤了他的腿,导致他的腿骨骨折。布尔人之所以这样粗暴,只是为了方便取下马刺。"——现已死亡——

国王皇家来复枪队第四营第二十五骑兵队P.高尔下士说:"我受伤后,失去了知觉。当我醒来时,布尔人正在抢劫我周围人的东西。离我不到五码的二等兵F.福斯特举手投降,但他被一个留着黑胡子的高个子布尔人在五码的近距离打死。"

皇家野战炮兵第八十四营阿特金斯下士说:"布尔人走到我面前问:'你能用这把枪吗?'我说:'是的。'他说:'起来,打给我看看。'我说:'我没办法打枪了。我的一只手没了,两条腿都受了伤。'最后一句我没有说真话。然后他说:'将你的靴子给我们。'之后,他拿走我的靴子、雨衣,还有腰带里的钱。我们的炮兵科林斯想起身竖起一面白旗,结果对方营地和布尔人都开始向我们开枪。科林斯一站起来,布尔人就向他射击。我看见一名黑人在离他三十码的地方开了三枪。"

皇家野战炮兵第八十四营炮手科斯林说:"伤员躺在大炮附近。当布尔人走到伤员所躺之处时，我想举起一面白旗，因为我们自己人正将子弹朝这个方向打。但当我这样做时，布尔人朝我开枪。"

　　只要布尔人的行为能算英勇之师的借口，我们都认可。然而，当我们拿着证据面对世界时，我们不禁要问："这是士兵的行为还是强盗的行为？如果他们是强盗，为什么要求我们必须永远将他们视为士兵呢？"我看过一些英国士兵的信，里面讲到自己的战友在布拉克肯拉特受到的伤害。我相信他们会在战争中克制自己的行为，但这种要求超越了人性。

第11章

关于布尔战争的结论

精彩看点

富有争议的问题——战争本可以避免——布尔人对宗主国英国的反抗——《泰晤士报》——布尔人的战斗诗歌——保罗·克鲁格提出和平建议——罗伯特·加斯科因-塞西尔毫不妥协——欧洲大陆国家对布尔战争的态度——三国同盟——爱丁堡演讲——建立不再有冲突的南非——统一的国家

我已经讨论了布尔战争中许多富有争议的问题。我希望我说的足够清楚。我们不会因为英军的行为而感到羞愧,而是不齿于诽谤他们的人。有些反战人士虽然还没有堕落到诋毁英军的地步,但真诚地认为这场战争本可以避免。即使战争爆发后,英国也可以制订布尔人能接受的条款。支持他们的都是和蔼可亲、心地善良的理想主义者。他们并没有批判性地思考这个问题,而是担心英国对习惯田园生活的德兰士瓦共和国和奥兰治自由邦过于粗暴。这种观点如同某些记者的看法一样真实,但更令人可敬。在战争开始时,某些记者表现出的傲慢态度使英国蒙羞。阿尔杰农·梅休因的著作《南非:和平还是战争》一书中以简练的语言最好地诠释了这种观点。让我们略去前面赘述的战争起因,重温一下他的结论。

阿尔杰农·梅休因将布尔战争与美国革命[1]进行了详细比较。这两者当然有相同之处,也有不同之处。我们与美国人的战争对美国人不公平,但我们与布尔人的战争对布尔人是公平的。现在,我们有整个英国的支持,有制海权。英国现在非常富裕。这些都是全新的重要条件。

布尔人对宗主国英国的反抗更像是美国南方各州对华盛顿政府的反抗[2]。

---

[1] 指1765年至1783年发生在北美英国殖民地的反殖民运动。十三个殖民地脱离英国独立,建立美利坚合众国。——译者注
[2] 指1861年到1865年的美国内战。——译者注

科伦索战役后的南非就像奔牛河战役①后的美国北方各州。对于布尔人遭受的痛苦，阿尔杰农·梅休因有很多话想说，但难道布尔人遭受的苦难比美国南方人遭受的还严重吗？美国的南北战争已经结束，我们都看到它的后果。我并不是说美国和南非的情况完全一样，但由于阿尔杰农·梅休因得出如此令人沮丧的结论，可见它们的相似度很高。对英国的前景，阿尔杰农·梅休因发表了许多悲观的评论，但一个国家只有满怀信心面对悲观的前景才能证明它没有堕落。阿尔杰农·梅休因预言英国要付出代价，而我们与其逃避，不如承担责任。

阿尔杰农·梅休因提供大量例证，充分展示了有些人或有些报刊在评论布尔人时使用的愚蠢、粗鲁甚至残忍的话。我相信任何绅士看到这些内容都会心觉不快。但如果让阿尔杰农·梅休因看看欧洲报刊上支持布尔人的文章，也许能对用词粗鄙的同胞多出几分宽容。或许该让他看看南非的荷兰语报纸，看看是否只有一方在大放厥词。以下是《泰晤士报》发表的来自科尔斯堡第一封信里的一些评论：

> 你们这些懒惰、肮脏、醉醺醺的下等人。
>
> 你们的军官不是迂腐的学究就是不务正业的社会混子。
>
> 你们的人不是女的，就是瘸子、癫痫病人、肺病病人、癌症病人、残疾人，以及各种疯子。
>
> 你们的政治家和高官百分之九十有肾病。
>
> 我们不会被一群英国杂种统治。

这样的文字既没有崇高的骑士精神，也毫不考虑对手的感受！1899年8月26日，即战争爆发前几周，《人民冲锋报》上发表了一首关于布尔人战斗的诗歌，现翻译如下：

---

① 奔牛河战役（Bull's Run）也被称为第一次马纳萨斯战役，1861年7月21日在弗吉尼亚州的威廉王子郡打响。该郡位于马纳萨斯市北部和华盛顿特区西南约二十五英里的地方。这是美国内战的第一场重大战役。南军表现优异，打破了北军进攻里士满的计划。——译者注

那时，我们必将愉悦地听着寡妇的哀号和孤儿的哭泣；我们将愉快地见证你们恶行的毁灭。

那时，我们屠杀，痛饮你们的鲜血，要你们连本带息偿还——"恶人的利息"——甜蜜而美好。

当夕阳西下时，热血染暗乌云。可怖、凄惨、垂死的低语是英国人最后的敬礼。

我们将开始欢乐的宴会，用第一杯"英国人的血"干杯。

毫无疑问，正派的布尔人看到这样的文字会感到羞愧，就像我们看了英国支持战争的报纸一样。即使布尔领导人如弗朗西斯·威廉·赖茨、马丁努斯·特尼斯·斯泰恩、保罗·克鲁格也使用粗俗语言谈及英国，但庆幸的是，他们的措辞根本不能与英国的文章相提并论。

1900年3月，保罗·克鲁格提出和平建议，但罗伯特·加斯科因-塞西尔的答复是"毫不妥协"，因此受到阿尔杰农·梅休因严厉指责。但阿尔杰农·梅休因能提出什么实际的做法吗？如果让布尔人独立，战争就不会有结果，因为引发战争的所有问题仍然没有得到解决。这难道还不明显？如果是这样的和平，那么我们还将面对投票权问题、外国人问题及其他问题，而我们做出巨大牺牲是为了解决这些问题。这难道是明智的政策？如果这样达成和平，那么几年内肯定会出现一场更大规模的战争。以人性为借口难道说得通吗？现在战事已经过半，如果再瞻前顾后，那么毫无疑问，这是疯狂的行为。

当然，我们没有必要进行这样悲观的预测。对亲身经历的人而言，这场战争似乎遥遥无期，但对我们的子孙后代来说，征服这样一个大国，打败这样强劲的对手，用的时间并不长。我们的任务不是无休无止。我们已经统治了南非五分之四的人。剩下的五分之一逐渐屈服。我们的作战机动性和效率得到大幅提升。阿尔杰农·梅休因对军队状况的悲叹根本就是无稽之谈。与开始组建时相比，现在军队更强大了。从兵力的角度来说，在接下来的几个月，最后的布尔游击队员也会被消灭。自此，社会生活再次获得新的力量。奥兰治自由邦已经可以自食其力。很快,德兰士瓦共和国也会这样。工业正在苏醒。在兰德金矿上,采矿机的隆隆声取代了大炮的轰鸣声。很快,一千五百人将返回工作岗位。难民也以每周四百人的速度返回家乡。

有人认为这场战争的痛苦将永远不会消失,但历史表明,只有打到最后的战争留下的仇恨才最少。美国南北战争期间的南方领袖罗伯特·爱德华·李①将军说过:"我们是基督徒。对于这场战争,我们已经尽力了。我们战败了。对我们基督徒而言,现在只有一种选择,我们必须接受这一结果。"这是一个勇敢的人坦然接受上帝对战争的审判。布尔人也应如此。战俘营和集中营至少给了布尔

罗伯特·爱德华·李

① 罗伯特·爱德华·李(Robert Edward Lee, 1807—1870),美国军事家。他是美国南北战争中的南方邦联军总司令。擅长以寡击众、以少胜多,虽然最终战败,但依然是最知名的南方将领。1865年,他在邦联军弹尽粮绝的情况下向尤里西斯·辛普森·格兰特将军投降,从而结束了内战。——译者注

人男女老少与我国人民接触的机会。也许留下的记忆并不是完全苦涩的。天意有自己的方式。也许和解的种子已经播下。

在不久的将来，德兰士瓦共和国的繁荣将吸引移民不断涌入，随之将成为南非仅次于纳塔尔最像英国的国家。未来，英国人统治纳塔尔、罗得西亚、德兰士瓦。开普也有一半英国人。荷兰人只统治奥兰治自由邦。在南非议会中，英国人将获得多数席位。可以由议会审议通过允许纳塔尔兼并德兰士瓦共和国的弗莱海德区。

虽然信心不足，但我想到一个提议。如果在德兰士瓦北部地区，如沃特堡和索特潘斯堡，建立一个布尔人保留地，这实在是明智、切实可行的措施。让布尔人居住在保留地，如同巴苏陀人住在巴苏陀兰，印第安人住在印第安保留地，或者像印度受保护邦的居民一样。同时向他们承诺，只要他们接受英国统治，热爱和平，英国政府保护他们完全不受矿工或勘探者的侵扰，让他们按自己的方式生活，甚至可以设立自己简单的自治法规。与英国人水火不容的人可以在那里找到自己的家园。某些布尔人用自己的痛苦影响、传染邻居与朋友。我们可以将他们放在保留地与其他人隔离开来。这样一来，英国在南非各个殖民地的不稳定因素就会减少，而这些殖民地会变得更强大。我们可以控制所有武器运输道路。保留地也不会构成潜在危险。我知道沃特堡和索特潘斯堡不是理想的居住地，但可以采取自愿原则。只有个人同意，才能迁居。如果没有这样的规划，那么在南非，英国依然不够安全。

在结束对南非问题的简短回顾前，我必须提及欧洲大陆国家在这场战争中的态度。在所有情况下，各国政府的立场正确，而人民的立场往往是错误的。但还是有勇敢、头脑清醒的人，如法国的伊夫·居约[①]、瑞士的爱德华·塔里切特[②]和亨利·爱德华·纳维勒[③]，他们一直是英国人的朋友，或者说是真理的朋友。但

[①] 伊夫·居约（Yves Guyot, 1843—1928），法国政治家和经济学家。他在著作《布尔政治》中重点研究了保罗·克鲁格时代到1900年布尔政府签订的条约和公约。——译者注
[②] 爱德华·塔里切特（Edouard Tallichet, 1828—1911），瑞士人，曾任《洛桑通用图书馆报》编辑，发表多篇关于布尔战争的文章。——译者注
[③] 亨利·爱德华·纳维勒（Henri Édouard Naville, 1844—1926），瑞士考古学家、埃及文物学家和《圣经》学者。他的著作《英国和布尔独立》论述了布尔战争。——译者注

所有国家绝大多数人被偏见和谎言的洪流冲昏了头脑。出现这种情况均源于被收买的或不了解情况的媒体报道。对南非而言,长期以来,人民总是能将自己的意志强加于政府。我相信南非已经得出明确的结论。这些结论将在今后的若干年影响英国的外交政策。

对于布尔战争,我们与法国并无嫌隙,尽管英国与法国一直势不两立。多年来,英国一直希望能够和平相处,但数百年来的积怨太深,不易忘却。此外,在两国关系中,英国最近也有不足之处。围绕法国"德雷福斯冤案"①,英国出现

德雷福斯冤案,阿尔弗雷德·德雷福斯被审判

---

① 德雷福斯冤案(Dreyfus case)是19世纪末发生在法国的一起政治事件。一名法国犹太裔军官阿尔弗雷德·德雷福斯被误判为叛国者,法国社会因此爆发严重的冲突和争议。此后经过重审及政治环境的变化,1906年7月12日,冤案终于平反,阿尔弗雷德·德雷福斯也成为国家英雄。——译者注

一系列荒谬事件及强烈抗议。许多英国人深以为耻。英国难道就真的没有冤案吗？表达意见当然允许，但实际情况是整个英国猛烈抨击法国。实际上，这让我们没有立场去憎恨曾经批评英国人品格和道德的人或事。对俄国人，我们也没有怨恨，因为我们知道俄国人没有真正的舆论。他们的报刊也无法得出第一手结论。此外，在这种情况下，俄国人同样存在着某些长久的敌意，因而判断会出现偏差。

但德国并非这样。在世界历史舞台上，我们屡次与德国成为朋友、盟友，站在一起。无论是在约翰·丘吉尔①时代、腓特烈大帝②时代，还是在拿破仑·波拿巴时代，英国和德国都是盟友。当无法提供兵力给德国时，我们就提供资金支持。我们的舰队打垮德国的对手。现在，我们有史以来第一次有机会知道谁是我们在欧洲真正的朋友。在布尔战争问题上，德国报刊和人民对英国抱有最大的仇恨。诽谤的声音也最响。虽然英军和德军一样纪律严明，有人道主义精神，但德国最受人推崇的刊物直接将英军刻画成侵害他人人身和财产安全甚至杀害妇女儿童的暴徒形象。

起初，这种意想不到的情况只使英国人感到惊讶，但痛苦随之而来。最终，在英国人心中，这一现象激起长久而刻骨的愤怒。有一种传言不时出现，似乎还有一定的根据，即有一项秘密协议：在某些特殊情况下，三国同盟③可以征用英国舰队。在欧洲，只有几个人能证实该说法的真实性。但如果真是这样，那么应当尽快取消该条约才公平，因为可能需要经过很多年，英国人才能忘却和原谅德国人的所作所为。我们知道德国人十分自律，因此德国政府无法完全推

---

① 约翰·丘吉尔（John Churchill，1650—1722），英国军事家、政治家。靠着他妻子与安妮女王的私密友谊及他个人卓越的军事、外交才能，他在1702年成为英国最有权力的男人。他在西班牙王位继承战争中名利双收，使英国上升为头等海陆强国。——译者注
② 腓特烈大帝（Frederick the Great，1712—1786）。普鲁士国王，军事家，政治家，作家，作曲家。统治时期普鲁士军力大规模发展，领土大举扩张，开启"德意志启蒙运动"，使普鲁士在欧洲大陆取得大国地位，向以普鲁士为中心武力统一德意志的道路迈出第一步。——译者注
③ 三国同盟（Triple Alliance）是德意志帝国、奥匈帝国和意大利王国在1882年5月20日签署的军事联盟条约。三国同意任何一国被其他两个或更多国家攻击时协助对方。并且德意志帝国与意大利王国约定，如果一方被法国攻击，另一方将会协助对方。然而，根据一项补充宣言，意大利王国的承诺不能被认定为针对英国。1902年6月，意大利王国延续同盟协定后，对法国许下了类似的承诺。——译者注

卸责任。我们相信,如果没有官方的推动或鼓励,恐英症不会达到这样严重的地步。

1870年,在爱丁堡演讲中,约瑟夫·张伯伦提到1870年普法战争,引发轩然大波。之后,英国人的愤怒达到顶点。在这次讲话中,约瑟夫·张伯伦并无任何

约瑟夫·张伯伦的漫画形象

偏向。他说在战争史上，我们可以找到类似的事例。与我们被迫采取严厉措施抵抗布尔游击队一样。阿尔及尔的法国人、高加索的俄罗斯人、波斯尼亚的奥地利人和法国的德国人都曾与我们一样。当然，他这样说并不是指责以上各个国家，只是指出采取相似措施的战争先例。确实，打败法国的德军没有理由将这个国家付之一炬，因为德军面对的不是全民参与的游击战。但对于破坏通讯线路的人，德军抓住他们后，很快就会将他们处以极刑。然而，英军没有因为这种罪名处死一个布尔人。也许不是德军太严厉，而是英军太宽容。无论如何，约瑟夫·张伯伦的讲话显然没有任何冒犯他国的意思。了解布尔战争中英军行为的人知道世界上任何军队都愿与英军为伍，因为无论是在勇气上还是在人性上，英军都堪称表率。

在任何酒店阅览室的桌子上，反英运动的煽动者都能找到关于约瑟夫·张伯伦演讲的新闻报道，但他们根本没有调查过约瑟夫·张伯伦讲话的实际措辞。仅凭一份歪曲事实的报道，德国上下掀起一阵骚动，随之举行诸多抗议大会。六百八十名神职人员轻信他人所说的英国暴行，联名发起抵制英国暴行的抗议。这些抗议颇具侮辱性。显而易见，整个反英运动是由人为干预或误解造成的。在英国，它既让人愤怒又让人觉得可笑。我们依然珍视英军的荣誉。德国舆论对英军的持续攻击让英国和德国彼此产生了持久的怨恨。在这一代人身上，这种情绪是不会消失了。毫不夸张地讲，如果五年前德国在欧洲遭遇大败，那么英国一定会干预。民众情感和相近种族让我们不可能看着德国陷入绝境。但现在，如果在我们的有生之年德国再遇到这种情况，那么英国将不会为德国派一兵一卒，或浪费一分钱。这是布尔战争的一个特殊结果。从长远来看，它并非微不足道。

我们还应该看到，多年来，对于布尔战争，许多人只看到问题的一面，用各种假消息和歪曲的事实支持自己的观点。当然，一旦谎言的根源枯竭，真相就会占据上风。很难想象，谎言能支撑任何永久性政策。等那一天到来时，欧洲各国将知道自己被一小撮狡猾又无耻的人蒙骗和利用。英国在整个战争中表现出来的尊严和坚定不移的决心也许能够得到迟到的正义。在黎明破晓前，我们可以继续前行,既不东张西望,也不左顾右盼。目光始终紧盯我们的目标——建立一个永远不会再有冲突的南非;布尔人和英国人享有同样的权利和自由;有共同的法律保护他们;人们对自己的国家有共同的热爱;将南非建成一个统一的国家。

译名对照表

Abraham Esau	亚伯拉罕·伊索
Abraham Fischer	亚伯拉罕·费舍尔
Acting-Sergeant Chambers	代理中士钱伯斯
Adalbert Sternberg	阿德尔伯特·斯登堡
Africanders	阿非利卡人
Afrikander Bond	阿非利卡人大会
Ahmednagar	阿美纳伽
Albertus Johannes Herholdt	艾伯塔斯·约翰内斯·赫霍尔特
Alexander Main	亚历山大·梅因
Alexis Pache	亚历克西斯·帕什
Alfius Bampa	埃费乌·班巴
Alfred Milner	阿尔弗雷德·米尔纳
Algernon Methuen	阿尔杰农·梅休因
Algiers	阿尔及尔
Ammonites	亚扪人
Andries Van der Walt	安德列斯·范德沃尔特
Anglo-Celtic	盎格鲁－凯尔特
Archibald Wavell	阿奇博尔德·韦维尔
Arthur Balfour	阿瑟·贝尔福
Arthur Conan Doyle	阿瑟·柯南·道尔

Arthur Wellesley	阿瑟·韦尔斯利
Atkins	阿特金斯
Aubrey Wools-Sampson	奥布里·伍尔斯－桑普
Baralongs	巴雷郎人
Barend Stephanus Jones	巴伦德·斯特凡努斯·琼斯
Baron Baden-Powell	贝登堡男爵
Baron de Villiers	德维利尔斯男爵
Basutos	巴苏陀人
Bechuanaland	贝专纳
Bedfordshire Regiment	贝德福德郡团
Beira	贝拉
Bergendal	伯根达尔
Bermuda	百慕大
Bester	贝斯特
Bethulie	贝图利
Bindon Blood	宾登·布拉德
Black Watch	黑卫士团
Bloemfontein	布隆方丹
Bloemfontein Express	《布隆方丹快报》
Blunt	布朗特
Boksburg	博克斯堡
Boomplaats	朋普拉次
Border Siding	宝德赛丁
Bosnia	波斯尼亚
Bothaville	博塔维尔村
Brakenlaagte	布拉克肯拉特
British Commissioner in South Africa	英国驻南非高级专员
Bronkhorst Spruit	布龙克霍斯茨普雷
Calvinia	卡尔维尼亚
Cape Colony	开普殖民地
Cape of God Hope	好望角

Cape Peninsula	开普半岛
Carl Borckenhagen	卡尔·博尔肯哈根
Caucasus	高加索
Cecil Rhodes	塞西尔·罗德
Ceylon	锡兰
Charles Catton	查尔斯·卡顿
Charles Girling	查尔斯·格尔林
Charles Hobhouse	查尔斯·霍布豪斯
Charles Warren	查尔斯·沃伦
Cheshire Regiment	柴郡军团
Christian de Wet	克里斯蒂安·德·韦特
Christiana	克里斯蒂安娜
Clocolan	克洛科兰
Colenso	科伦索
Collins	科林斯
Colonel Dawkins	道金斯上校
Colonial Secretary	殖民地大臣
Convention of London	《伦敦协定》
Convention of Pretoria	《比勒陀利亚协定》
Cookhouse Drift	库克豪斯浅滩
Cornelius Laas	科尼利厄斯·拉斯
Corporal Sargent	萨金特下士
Corporal Sutton	萨顿下士
Crown Colony	直辖殖民地
Daily Chronicle	《每日纪事报》
Damaraland	马拉兰
Dassie Klip	达西克里普
David Marais	大卫·马雷
De Aar	德阿尔
Delagoa	德拉瓜
Delagoa Bay	德拉戈湾

Derbyshire Regiment	德比郡团
Deutsche Rundschau	《德意志评论报》
Dingaan	丁冈
Distinguished Service Order	杰出服务勋章
District Harrismith	哈里史密斯区
Doorn River	多伦河
Dornkop	多恩科普
Dorsehasmus	多尔西哈斯默
Douglas rebels	道格拉斯叛军
Dreyfus case	德雷福斯冤案
Du Plessis	杜普莱西
Dudley Keys	达达德利·基斯
Duke of Marlborough	马尔博罗公爵
Duke of Wellington	威灵顿公爵
Dumdums	达姆弹
Dundee	邓迪
Durban	德班
Dutch East India Company	荷兰东印度公司
Earl Kitchener	基奇纳伯爵
Earl of Derby	德比伯爵
Earl of Liverpool	利物浦伯爵
Earl of Selborne	塞尔伯恩伯爵
Earl Roberts	罗伯茨伯爵
East London	东伦敦
Edenburg	伊登堡
Edouard Tallichet	爱德华·塔里切特
Edward Henry Stanley	爱德华·亨利·斯坦利
Edward Ketley	爱德华·凯特利
Elandslaagte	厄兰斯拉格
Emily Hobhouse	艾米莉·霍布豪斯
Engelschgezind	荷兰敌人

Enslin	恩斯林
Esselen	埃塞伦
Ewald Auguste Esselen	埃瓦尔德·奥古斯特·埃塞伦
Explosive Bullets	爆炸子弹
Fauresmith	福尔史密斯
Field-Cornet Dutoit	民兵长杜特华
Foote	富特
Francis William Reitz	弗朗西斯·威廉·赖茨
Frank Rhodes	法兰克·罗德
Frau Eloff	弗劳·埃洛夫迷案
Frederic Damant	弗雷德里克·达芒
Frederic William Unger	弗雷德里克·威廉·昂格尔
Frederick Roberts	弗雷德里克·罗伯茨
Frederick Rutherfoord Harris	弗雷德里克·鲁瑟福德·哈里斯
Fredericstad	弗雷德里克斯塔
Gazette de Lausanne	《洛桑公报》
George Elliott Benson	乔治·艾略特·本森
George Farrar	乔治·法拉尔
Gerard Chilton Bailey	杰拉德·奇尔顿·贝利
Gideon Scheepers	吉迪恩·斯切普斯
Gladstonian Government	格莱斯顿政府
Goodwin	古德温
Gordon Highlanders	戈登高地团
Gordonia	戈登
Goshen	戈申
Graaf-Reinet	赫拉夫－里内特
Graspan	格拉斯潘
Gray	格雷
Great Frederick	腓特烈大帝
Green Point	格林波恩特
Groblaar	格罗贝拉尔

Hague Conventions	《海牙公约》
Hampshire Regiment	汉普郡团
Hans Cordua	汉斯·科尔杜阿
Harold Sykes	哈罗德·赛克斯
Harvey	哈维
Heidelburg	海德堡
Heilbron	海尔布隆
Hendrik Abraham Alberts	亨德里克·亚伯拉罕·艾伯茨
Hendrik Badenhorst	亨德里克·巴登霍斯特
Hendrik Schoeman	亨德里克·斯库曼
Henri Édouard Naville	亨利·爱德华·纳维勒
Henry Campbell-Bannerman	亨利·坎贝尔-班纳曼
Henry de Beauvoir De Lisle	亨利·波伏瓦·德·利尔
Henry Du Pré Labouchere	亨利·杜·普雷·拉布谢尔
Henry Evelyn Wood	亨利·伊夫林·伍德
Henry Labouchere	亨利·拉布谢尔
Herbert Kitchener	赫伯特·基奇纳
Herbert Plumer	赫伯特·普卢默
Hercules Robinson	夏乔士·罗便臣
Herschel	赫歇尔
Hicks-Beach	希克斯·比奇
Hollow-headed Bullets	空心子弹
Hood	胡德
Hopetown	霍普敦
Hottentots	霍屯督人
Independence Belge	《独立比利时报》
Ingogo	英戈戈
Irene Camp	艾琳难民营
Jacobus Maritz	雅克布斯·马利兹
Jacobus Wilhelmus Sauer	雅各布斯·威廉默斯·索尔
Jagersfontein	亚赫斯丰坦

James Barnes	詹姆斯·巴恩斯
James Barry Hertzog	詹姆斯·巴瑞·赫尔佐格
James Bryce	詹姆斯·布莱斯
James Hanshaw	詹姆斯·汉肖
Jameson Raid	詹姆森突袭
Jamieson	杰米森
Jan de Beer	扬·德·比尔
Jan Eloff	扬·埃洛夫
Jan Hendrik Hofmeyr	扬·亨德里克·霍夫迈尔
Jan Joubert	扬·茹贝尔
Jan Theron	扬·塞隆
Jesse Collings	杰西·科林斯
Jim Zulu	吉姆·祖鲁
Johannes Brand	约翰内斯·布兰德
Johannes Hermanus Grobler	约翰内斯·赫曼努斯·格罗布勒
John Churchill	约翰·丘吉尔
John Dillon	约翰·迪伦
John George Fraser	约翰·乔治·弗雷泽
John Hays Hammond	约翰·海斯·哈蒙德
John Henry de Villiers	约翰·亨利·德维利尔斯
John J. O'Rorke	约翰·J. 奥罗克
John Langman	约翰·朗曼
John Mair	约翰·梅尔
John Makran	约翰·莫克兰
John Morley	约翰·莫利
John Robinson	约翰·罗宾逊
John Xavier Merriman	约翰·泽维尔·梅里曼
Joseph Chamberlain	约瑟夫·张伯伦
Joshua Slocum	约书亚·斯洛克姆
Julian Ralph	朱利安·拉尔夫
Kaffir war	卡菲尔战争

Kaffirs	卡菲尔人
Kaffirstadt	卡菲尔施塔特
Karel Geere	卡雷尔·吉尔
Karle	卡利
Karoo	卡鲁
Kendal Franks	肯德尔·弗兰克斯
Kimberley	金伯利
King's Own Yorkshire Light Infantry	皇家约克郡轻步兵团
King's Royal Rifle Corps	国王皇家来复枪队
King's Royal Rifles	国王皇家来复枪团
Kladderadatsch	《喧声》
Klass	克拉斯
Klerksdorp	克莱克斯多普
Kosi	科西
Kroonstad	克龙斯塔德
Krugerism	克鲁格主义
Krugersdorp	克鲁格斯多普
La Civilisation Anglaise en Afrique	《非洲的英国文明》
Labuschagne	拉布斯查尼
Ladismith	莱迪史密斯
Laing's Nek	朗峡谷
Langspruit	兰斯普鲁特
Leander Starr Jameson	利恩德·斯塔尔·詹姆森
Leeuw Kop	利乌卡普
Leeuwspruit	列乌斯布鲁斯特区
Leonard Courtney	伦纳德·考特尼
Lieutenant de Montmorency	德·蒙特莫伦西中尉
Lieutenant Neumeyer	诺伊迈耶中尉
Limpopo	林波波
Lionel Phillips	莱昂内尔·菲利普斯
Lobatsi	洛巴策

Louis Botha	路易·博塔
Lucas Meyer	卢卡斯·迈耶
Lucia	卢西亚
Lydenburg	来登堡
Mafeking	马弗京
Magaliesberg	马格雷斯堡
Magersfontein	马赫斯方丹
Majuba Hill	马尤巴山
Manthe	曼特
Marabastad	马拉巴斯德
Marquess of Lansdowne	兰斯多恩侯爵
Marquess of Londonderry	伦敦德里侯爵
Marquess of Salisbury	索尔兹伯里侯爵
Martin	马丁
Martini Henry	马提尼－亨利
Martinus Theunis Steyn	马丁努斯·特尼斯·斯泰恩
Matabeli	马塔贝莱人
Metford Mark IV	梅特福德马克四型子弹
Meyer de Kock	迈耶·德·科赫
Middelburg	米德尔堡
Moabites	摩押人
Modder River	莫德尔河
Montague White	蒙塔古·怀特
Moshesh	莫谢什
Mr. Hess	赫斯先生
Mr. Maltman	马尔特曼先生
Mr. Soutar	苏塔先生
Mrs. Blignant	布雷涅恩特夫人
Mrs. Gauntlett	冈特利特夫人
Mrs. Gouws	古斯夫人
Mrs. Vandermerve	范德梅尔夫人

Musson Wainwright	穆森·温莱特
Neville Gerald Lyttelton	内维尔·杰拉德·利特尔顿
Oliver Cromwell	奥利弗·克伦威尔
Ons Land	《吾国报》
Orange Free State	奥兰治自由邦
Orange River	奥兰治河
Osborn Howe	奥斯本·豪
Owen Lanyon	欧文·兰宁
Paardeberg	帕尔伯格
PaardeKraal	帕德克拉尔
Paarl	帕尔
Parrish	帕里什
Patriot	《爱国者报》
Paul Botha	保罗·博塔
Paul Kruger	保罗·克鲁格
Peace or War in South Africa	《南非：和平还是战争》
Pearse	皮尔斯
Percy Fitz Patrick	詹姆斯·珀西·菲茨帕特里克
Petrusburg Gaol	彼得罗斯堡监狱
Philippolis	菲利波里斯
Piet Cronjé	皮特·克龙涅
Piet de Wet	皮特·德·韦特
Piet Joubert	皮特·茹贝尔
Pieter Jeremias Blignaut	皮特·耶利米·布雷涅恩特
Pietermaritzburg	彼得马里茨堡
Pietersburg	彼得斯堡
Port Elizabeth	伊丽莎白港
Port Natal	纳塔尔港
Potchefstroom	波切夫斯特鲁姆
Pretoria	比勒陀利亚
Prickett	普里克特

Public Meetings Act	《公共集会法》
Pudimoe	普迪穆
Rand mines	兰德金矿
Rand Post	《兰德邮报》
Redvers Buller	雷德弗斯·布勒
Reginald Seymour	雷金纳德·西摩
Reitz	雷茨
Republic of Stellaland	斯泰拉兰共和国
Reuter's Special Service	路透社特别报道局
Rhodesia	罗得西亚
Riversdale	里弗斯代尔
Robert Baden-Powell	罗伯特·贝登堡
Robert Banks Jenkinson	罗伯特·班克斯·詹金逊
Robert Edward Lee	罗伯特·爱德华·李
Robert Porter	罗伯特·波特
Robert Stewart	罗伯特·斯图亚特
Robert Willett	罗伯特·威利特
Ronald C. Miers	罗纳德·C.迈尔斯
Roodeval	鲁德瓦尔
Rooi Draai	鲁伊德拉伊
Roos	鲁斯
Rose Innes	罗斯·英尼斯
Royal Dublin Fusiliers	皇家都柏林燧发枪团
Royal Field Artillery	皇家野战炮兵
Royal Irish Fusiliers	皇家爱尔兰燧发枪团
Rudyard Kipling	拉迪亚德·吉卜林
Rustenburg	勒斯滕堡
Salmon Booi	萨尔蒙·布伊
Sand River Convention	《桑德河公约》
Schalk Burger	沙尔克·伯格
Scottish Horse	苏格兰骑兵团

Sekukuni	塞库库尼
Selati Railway Company	赛拉提铁路公司
Sheba G. M. Co	示巴金矿公司
Sisters of Nazareth	拿撒勒姐妹会
Skuilhoek	斯库伊尔胡克
Slagter's Nek	"屠夫峡谷"事件
Smithfield	史密斯菲尔德
Snyman	斯尼曼
Somerset Light Infantry	萨默塞特轻步兵团
sporting bullets	狩猎子弹
St. Helena	圣赫勒拿
Standerton	斯坦德顿
Stellenbosch	斯泰伦博斯
Stephanus Schoeman	史蒂芬·斯库曼
Stoffel Myburgh	斯托弗·迈伯勒
Stoffel Visagie	斯托弗·维萨吉
Streepfontein	斯特里普方丹
Strydom	斯特赖敦
Suisse Liberale	《自由瑞士报》
Swellendam	斯韦伦丹
Tabaksberg	塔巴克斯堡
Taungs	塔翁
Teutonic	条顿诸民族
Thabanchu	邦塔巴恩丘
Theophilus Schreiner	西奥菲勒斯·施赖纳
Theophilus Shepstone	西奥菲勒斯·谢普斯通
Thomas François Burgers	托马斯·弗朗西斯·伯格斯
Thomas Henry Eyre Lloyd	托马斯·亨利·艾尔·劳埃德
Thomas Te Water	托马斯·特沃特
Tom Jackson Edgar	汤姆·杰克逊·埃德加
Transkei	特兰斯凯

Transvaal	德兰士瓦
Triple Alliance	三国同盟
Uitkijk	厄伊特凯克
Uitlanders	侨民
Vaal	瓦尔河
Valley of the Zambes	赞比西河谷
Van Reenan	范·瑞南
Varkenspruit	瓦斯普鲁斯特
Venter Hoek	文特尔胡克
Ventersburg	芬特斯堡
Vlakfontein	弗拉克方丹
Vlakplaats	弗拉克普拉茨
Volksraad	人民议会
Volksstem	《人民冲锋报》
Wakkerstroom	瓦克斯特鲁姆
Walter David Davies	瓦尔特·大卫·戴维斯
Warmbaths	温浴镇
Waterberg	沃特堡
Wilge River	沃尔赫河
Wilhelm Vallentin	威廉·瓦伦丁
Willem Johannes Leyds	威廉·约翰内斯·利兹
William Brodrick	威廉·布罗德里克
William Harcourt	威廉·哈考特
William Penn Symons	威廉·潘·西蒙斯
William Philip Schreiner	威廉·菲利普·施赖纳
William Waldegrave Palmer	威廉·沃尔迪格拉维·帕尔默
Winburg	温堡
Wynand Malan	威南德·马兰
Wynberg	温贝赫
Yves Guyot	伊夫·居约
Zandspruit	赞德斯普鲁特

Zevenfontein	泽文方丹
Zoutpansberg	索特潘斯堡
Zulu	祖鲁人
Zululand	祖鲁兰